対談集

ぼっけもん交遊抄

味の周辺

聞き手――古川洽次・和田龍幸

かまくら春秋社

対談集

ぼっけもん交遊抄

味の周辺

カバー画◉尾前 喜八郎「鳥と野葡萄」
装　丁◉林 琢真

対談集

ぼっけもん交遊抄

味の周辺

◉

もくじ

ぼっけもんとは、鹿児島弁で「怖いもの知らず、向こう見ず」を意味することば。ぼっけもんを自認する三菱商事前副社長で現ゆうちょ銀行会長である古川洽次さんと、日本経団連の前事務総長であった故・和田龍幸さんをホストに、日本人の「味の周辺」のこととして、各界を代表する多彩なゲストと「食文化の継承」「自然との共生」などさまざまなテーマで語っていただいた対談集です。

（編集部）

数字が語る食事情

◉ゲスト　辰巳芳子（料理研究家）

◉聞き手　古川洽次

辰巳芳子（たつみ・よしこ）

料理研究家。大正13年、東京生まれ。聖心女子学院卒。料理研究家だった母・辰巳浜子の後をうけて、同じ道を進む。著書に『手しおにかけた私の料理』、『手づくり保存食』、『ことことふっくら豆料理』、『味覚日乗』（小社刊）など。鎌倉市在住。

2003年対談

ふる里の風景

古川　今日、辰巳先生にお目に掛かるという話を郷里の幼なじみに話しましたら、この山ツワ*を送ってきました。

辰巳　まァ、素晴らしいツワ、このケバケバが大事なんです。

古川　これがなければニセモノでしょう（笑）。友人は走り廻って採ったと言っていました。

辰巳　そうでございましょ。この匂い、普通のフキと品が違います。私のところでは筍の季節に、筍の手前にこれを並べて出すのです。山椒を一枝添えましてね。ただ拵えるのに手間が掛かりましょう。

古川　私は母からこの剝き方のコツを教わりました。山ツワを無心で剝く作業は、今では楽しい一刻になっています。

世界には飢餓の状態におかれている人びとが八億人いる一方で、一キロの牛肉をつくるために八キロの穀物を飼料として消費している。数字は、矛盾に満ちた食の現状を雄弁に語る。これに対し辰巳さんは、食い荒らすことを良しとしない『慎しみ』の方法論」こそ、人がこれから生きていくうえで大切だとする。料理が好きで、これまで若い世代の男性にも台所に立つことを勧めてきたが、大きな視野からも決して間違ってはいなかったのだ。　　（古川）

＊ツワ（ツワブキ）　フキの葉に似たキク科の多年草植物。葉に艶があり、秋から冬にかけて黄色い花が咲く。茎が柔らかいうちに灰汁に浸して皮をむき、それを湯がいて食べる。

辰巳　鎌倉の山にも昔はいっぱいツワがあったんです。秋になるとツワの花が咲いて、辺り一面に金貨をまき散らしたようで目を楽しませてくれたんです。少し前までは樵《きこり》や炭焼きで生計を立てている人もいました。山はそういう人々によって都合よく手入れされていたんです。

古川　需要が限られているのでやむを得ませんが、炭焼きの仕事なども三、四十年前までは決して珍しいものではなかったですものね。

辰巳　ですから、今はもう枝打ち*をしたり下草を刈る人がいなくて、山はジャングルのようです。陽があたらないと山ツワは駄目なんですね。ケバケバのツワをこの附近で探すのは最近難しくなりました。

　ところで古川さん、大変お料理がお上手だと聞いておりますが。

古川　上手かどうかは別として嫌いではありません。私は鹿児島でも田舎の、母の郷里川内*《せんだい》で育ちました。父は戦争にとられて亡くなりましたから、我々子どもは、小さい頃から母の手伝いをしました。私は中でも台所で母と一緒にいるのが好きでした。台所にしゃがみ込んで母の姿を見ていたので、門前の小僧のようなもので、いつの間にか包丁の使い方まで覚えてしまいました。野菜の桂剝きだってやりますよ。

辰巳　近頃の男性は、奥様がご病気になられてもお粥も作って差し上げられない方がほとんどですから、それは大変に結構なことでございますよ（笑）。

古川　会社でも若い人を見ていますと、コーヒー一杯とファストフードを口に放り込んで昼食を済ませている姿を目にしますが、私の母はよく「朝金、昼銀、夜鉛」と言っ

＊枝打ち
枝を幹の付け根から切り落とすこと。

＊川内
二〇〇四年十月十二日に川内市と周辺の八町村が合併し、現在は薩摩川内《さつませんだい》市となっている。鹿児島県の北西に位置し、県内で最も面積の大きい自治体。

ていました。

辰巳　果物では金、銀、鉛という表現をしますが、それは初めて耳にしました。

古川　まぁ朝食べると金ほどの価値があって、それが昼には銀で、夜は鉛でもまったく価値がないというわけではないでしょうが、重要度からするとこうなるということでしょうか。

辰巳　先日「サライ」という雑誌に、豪華な旅館の朝食がのっていました。あそこまでやるのは大変でしょうが、「食べる」ということは自分の生命の手ごたえを感じるということですからね。それと食べるものを「つくる」という行為にも大きな意味があると思います。

古川　私はおかしな男でして、子どもの頃から、料理好きなんです。朝も味噌汁が気になって、休日などは必ず自分で台所に立つんです。味噌汁には食べるタイミングがあって、それは数分間で、そこをハズすと劣化してしまうと思うんです。味噌は生きものですからね。

辰巳　それは御立派なことですね（笑）。お味噌もこの頃はペースト状に練ってありますけど、もう一度手をかけて使う時に擂《す》ると全然お味が違うんです。

古川　*当り鉢で擂るということですか。

辰巳　ええ、そうです。最近テレビを見ていますと、万能漉《こ》しにお味噌を入れて、甚だしいのは箸で掻き混ぜている。あれは見ていて気持の良いものでありませんね。せめて木のスプーンで押さえつけて漉すようなところを見せて欲しいですね。

---

*当り鉢で擂る
「当り鉢」は、「すり鉢」の商家での忌み言葉。「すり」を嫌って「当り鉢」という。「当り鉢で擂る」とは、まだ漉《こ》していない味噌を擂り鉢に入れ、擂り粉木《こぎ》で擂ることをいう。

道具と段取り

古川　何事にも言えることですが、やはり料理も道具と手順は大事ですね。もっとも今の若い人は道具のことはあまり気にしませんね。

辰巳　知恵も何も働かせないで、ボタンを一つ押したら何事も解決してしまう世の中ですからね。

古川　仕事もそうですが、手順を追ってやっていくそのプロセスを私は楽しんでいますね。実はやる途中が楽しいんです。

辰巳　私はよく若い皆さんに言うのですが、はしょったり手を抜いたりすると味は良くない。たとえば茎と葉は別々に茹でる。仕事一般について言えば、段取りということではないでしょうか。

古川　確かに段取りが悪いと良い仕事が出来ません。私はいささか包丁に凝っておりまして、しかも研ぐことが好きなんです。

辰巳　私は時々、和包丁などで道具の域を通り越して芸術的なものを目にします。しかし日本の道具は、人体が道具の不備を補いすぎてはいまいかと考えてしまうことがあります。

古川　日本の板前気質の中に、少々使い勝手の悪い道具でも、それを使いこなすのが「腕」であるという美意識のようなものがありませんか。

辰巳　つまり手加減一つで料理をこなすということは、身体を痛めることなんです。

日本の包丁の、刃も柄も真っ直ぐというあの形は手に相当な負担をかけています。私は*ゾリンゲンのペティ・ナイフを愛用しています。握りといい、本当に使う職人を意識してデザインされています。

古川　私は大きくて堅い鯛などは、さばきやすいように一部、ハサミを使いますよ。

辰巳　それは間違いではありませんし、決して手抜きにはあたりません。食材の特徴を知ることによって、料理を改善し調理の荷を軽くするということですから。

世界と食物

辰巳　話は変わりますが、最近、*真鰯が手に入らなくなりました。銚子でも獲れないそうです。

古川　そうですね。スーパーでも鰯の方が鯵より高い、ちょっと変ですね。

辰巳　魚群探知機を使って一網打尽で獲ってしまう。あんなやり方をしていたらいなくなってしまいますよ。特に産卵の時期は獲らないようにするとかしないと。

古川　仰る通りです。獲る時期と獲る量をデータに従って制限すれば、資源が絶えることはありません。私は二十五年ほど前にバンクーバーに駐在していたことがあります。当時、水産物を日本に輸出する仕事にも携わっていましたが、カナダではその頃からすでに漁業資源の持続政策を実施していました。

*カズノコは抱卵鰊《ニシン》から採れるんですけど、その鰊は立網や巻網で獲ります。シーズ

---

*ゾリンゲン
ドイツのゾリンゲンは、刃物の生産地として世界的に有名な場所。最高級の鋼材を使い、一流の職人の手で一本一本丁寧に作られる。

*真鰯
鰯は真鰯、片口鰯、潤目鰯と大きく三種類に分けられる。真鰯の旬は五月から十月。国民になじみの深い魚として、一九八〇年代は四百万トン近い水揚げ量があったが、二〇〇〇年には十五万トンと、かつての九七％減を記録した。

*カズノコ
鰊《ニシン》の卵。「鰊《かど》の子」という意味。ニシンの卵巣を乾燥、または塩漬けにした食品をいう。その名を子孫繁栄に結びつけ、正月などの祝儀の膳に用いる。

ンになりメスが産卵を始め、それにオスが精子をかけると海面の色が変わります。州の漁業局の飛行機が空中からそれを見ながら抱卵鰊の捕獲解禁時期を測っています。海の色の変化を見て解禁のサインが出されるんです。次世代の資源維持のために、受精卵が充分確保されたかどうかをチェックしているんですね。

バンクーバーでは家族で休日に釣りを楽しみました。よく釣れましたが、持って帰ってよい獲物と海に放さなければならないサイズがちゃんと決まっていて、帰りみちでときどきお巡りさんのチェックを受けたほどです。

辰巳　私は銚子でね、鰯がトラックで運ばれているのを見たことがあります。それはね、おなかがプチプチに見えるほどの子どもを持っていたんです。だからカナダの資源保護のその考え方は大切なことですね。でも一国だけがそうしても効果ありません。世界の国々が協調していきませんとね。

古川　まったくその通りです。急激に魚影が薄くなったのは、漁期、漁獲方法、漁獲高という人為的なことが原因になる他に、海水温度の変化や汚染という地球環境問題があります。更には、小さな魚を大量に捕食する鯨やイルカなど大型の魚が増え過ぎて自然のバランスが崩れるということもあるようです。

辰巳　海そのものの中で大きな魚が小さい魚を食べてしまう……。

古川　そういうことです。そのほか、例えば日本では各地の沿岸でいろいろな魚の養殖が行われています。最近ではオーストラリア沖や地中海で鮪の*畜養事業も盛んです。そのために鮮度のよい他の魚が餌として大量に使われます。鰯や鰊、鯖などはそのま

＊畜養事業
捕獲した魚を生簀《いけす》に移し、数カ月の間、エサをやって育てた後、出荷すること。

ま食用にすれば、飼料や肥料として使った生産物の何十倍、いや何百倍の人の胃を満たすことが出来るということはあります。ただ残念ながら、私たちは鰯や鰊、鯖などだけをいつも食べて生活するというわけにはいきませんよね。

辰巳　昔々、鮪のお刺身をめったに食べられなかった人々もありましたよね。でも今は回転寿司でも食べられるようになった。それはたしかによいことだと思いますが、鮪を食べる量が増えた分、餌としての小魚も必要となるのですね。

数字は語る

古川　鮪でもトロを求めるというその嗜好性が、食糧事情という面から、実はちょっと問題なんです。ある特定の食材を生産するのに、どれほど別の食材が費やされるかというデータがあります。特に問題は肉です。鶏の肉を一キロ作るには、穀物は二キロいるんです。豚肉は四キロ、牛肉は八キロ。もし牛肉だけを食べたとすれば、ベジタリアンの八倍分、穀物を食べた計算になるんです。

二〇〇三年現在、コーンや麦、米など穀物の全世界の生産量は大雑把に言って二十億トン*なんです。成人が一日に必要とする熱量二千四百キロカロリーは、固形食物六百グラムに換算出来るので、ベジタリアンだけだと九十一億人*が養えます。世界の総人口はいま六十二億人*で、なお増え続けていますが当面は間に合う勘定です。

ところが、副食に肉類を食べるということになると、様子が変わってきます。ちな

---

*二十億トン
二〇〇三・二〇〇四年度産までは二十億トン台であった穀物生産量は、二〇〇四・二〇〇五年度にコーンを中心に生産量が増加し、二〇〇八年現在は二十二億トン台で推移している。

*九十一億人
穀物生産量二十二億トンの場合だと、ベジタリアン百億人の扶養が計算上では可能である。現実問題としては、生産地から消費地への輸送問題や価格高騰、購入資金の手当て問題などが大きな課題となる。

*六十二億人
二〇〇八年五月一日現在では、六十六億六千万人を超えている（USCBデータによる）。

みに、全世界の六十二億人が、二千四百キロカロリーの三分の二を穀物、三分の一を三種類の肉で摂っているとすると、先ほどの計算で三十億トン*の穀物が必要なんです。いまでも十億トン足りないことになります。別な言い方をすれば、二〇〇三年現在の穀物総生産量である二十億トン*では四十一億人しか養えない。つまり二十一億人が食べられない計算になります。

ではどうして成り立っているかと言えば、いま世界では飢餓状態の人が八億人いるんです。それに乳製品や植物、野菜や魚類を食べているので辛うじてバランスがとれているということです。

辰巳　お魚の資源を大切にしなければいけないのですよ。この計算によりますと近い将来、人類は食糧問題という大きな壁にぶつかりますね。イラクで戦争などしている時ではないですね。

古川　その通りです。イラクの戦争では背景に石油問題がありますが、人類の次の問題は、実は水なんです。日本は水が豊富にあるから、あまり意識することはありませんが、世界の人口の四分の一、つまり十五億人の人口が水をふんだんに使えない、飲めない状態にあるんです。ですから次の戦争は水が問題になるのではないかと言われています。

辰巳　まるで江戸時代の水争いに戻ってしまうみたいですね。でも笑えません。

古川　先ほど肉をつくり出すのに大量の穀物が必要だと言いましたが、牛のステーキを百グラムつくるのにどれ位の水が必要だと思いますか。

＊三十億トンの穀物　人口六十六億人の場合、三十二億トンが必要となる。

＊二十億トンでは……　二十二億トンの場合では四十五億人しか養えない。計算上では、二〇〇八年度の総人口のうち二十一億人が食べられないことになる。

辰巳　人は一日、二リットルから四リットルの水を飲むと言われていますね。

古川　ステーキ百グラムをつくるのに、二トンの水を使うとされています。

辰巳　これっぽっちの肉で二トン！

古川　最近注目されているバーチャルウォーターという新しい考え方によれば、人は一日に三リットルの水を飲み、小麦を一キロ生産するには千リットルの水が必要だと言っています。そういう計算を積み重ねていくと、子牛を飼育してステーキに調理されるまでには二トンの水が必要になるとのこと。ちょっと大袈裟じゃないかと思いますが、データからだけ言えば、牛肉を食べることは最高に非効率なんです。

辰巳　八億人の飢餓の人口がいる一方で、雑誌には必ずグルメ記事が載っている。私は精神論だと言われるかもしれませんが、これから人が生きていく上で大切なのは「慎しみ」の方法論だと思います。例えば豆の食べ方です。

私はいずれ人類は豆に頼らなければ生きていけないと思っています。豆は動物性蛋白質に代わりうる穀物です。元来、豆は塩味で食べるものなのです。しかし日本人は、明治以後は豆を砂糖で味つけするようになってしまった。塩味で食べてこそ、畑の蛋白質として滋養になるのです。穀類を賢く食べていく必要があるんです。だから豆を塩味で食べるか砂糖に頼るかで、民族は明暗を分けると言っているんです（笑）。

「慎しむ」ということ

古川　ヨーロッパにスローフードという動きがあります。この考え方は、食べるという行為は単に食欲を満たすだけでなく、つくる人、地域社会との連帯、そしてもちろん食の味を楽しむ、その動きを総合的に言っていると思うんです。自分たちの食べることを改めて見直そう、これは辰巳先生の言われた「慎しみ」にも通じるものではないでしょうか。

辰巳　「食い荒らさない」ということです。地域のものを大切に、静かに、手を掛けながら食べていく。食い荒らさない食べ方というのは、手が掛かるんです。

古川　そうすれば必然的に料理は家庭に帰っていきますね。すると捨てるものも少なくなりますね。

辰巳　そうです。出来あいの物はどうしても捨てるものが多くなります。今うかがった、世界全体から見れば絶対的に不足している食糧であればあるほど、その大切な食材を料理するのは家庭が一番。しかし、現実的なことで言えば、良い食材に取り組んでいる生産者の後継者があらわれてこない。このままですと五年先には後を継ぐ人の存在が危ないのです。

古川　それは深刻な問題ですね。国としても考える必要があることでしょう。男性が台所へ入っていくと、そういうことにもっともっと目が向くと思いますね。私は若い人に台所へ入ることをすすめるんです。本だけ読んだって料理は上手にならないよ。

しかも、料理はクリエイティブな作業だから面白いって。

辰巳　ひょっとしたら男性に教えた方が近道かもしれません（笑）。最近、私は食の在り方として炉端の風景を頭に描いています。そこには野菜と汁が一つになった鍋がある。そして労せずして家庭に供せる料理が出来るのです。

古川　鍋に加えて魚や野菜を串に刺して灰の中に立てたり、私も炉端で食事した経験があります。

辰巳　今さら後戻り出来ませんが、そこには親子のゆったりとした時間がありました。

古川　ファストフードを買って来てパッと広げて、さぁ食事では、ちょっと淋しいですものね。

辰巳　＊道元さまの『＊典座教訓《てんぞきょうくん》』を、料理にたずさわる者として私は繰り返し読んでいます。あそこに書かれているのは「物を粗末にするな」「料理は心をこめてつくりなさい」ということなのです。

古川　まるで現代社会を見通されているような指摘ですね。

辰巳　私は厳密な意味でまったく同じ味を後世に伝えるのは難しいと思っています。なぜならば、作った本人でさえ全く同じものはつくれない。つまり「味」とは二度と味わうことの出来ない「その時の味」なのです。だからこそ、その瞬間に心をこめてつくり、また感謝して味わうことが必要なのです。

古川　それは我々のビジネスでも言えることだと深く肝に銘じておきます。ありがとうございました。

＊道元
（一二〇〇〜五三年）日本曹洞宗開祖。宋に渡って如浄に曹洞禅を学ぶ。永平寺を創建し、「只管打坐」を説く。『正法眼蔵』などを著した。

＊『典座教訓』
道元禅師（一二〇〇〜五三年）が一二三七年に書き著したとされる。「典座」すなわち禅寺で食事係りをつとめる僧の心得を説いた書。修行の一環として食をいかに重んじていたかがわかる。

シェイクスピアの食卓
黙阿弥の膳

◉ゲスト　河竹登志夫（演劇研究家）
◉聞き手　和田龍幸

河竹登志夫（かわたけ・としお／右）

演劇研究家。早稲田大学名誉教授、日本演劇協会名誉会長。大正13年生まれ。東京大学物理学科、早稲田大学芸術科卒。『比較演劇学』（芸術選奨）、『日本の古典芸能　名人に聞く究極の芸』（小社刊）ほか著書多数。日本芸術院賞・恩賜賞。文化功労者。歌舞伎作者の河竹黙阿弥は曾祖父にあたる。

2004年対談

河竹登志夫さんに初めてお会いしたのは十年以上も前。経団連の文化講演会に講師としてお招きしたのがきっかけだが、先生の演劇に関する該博な知識と、人をそらさないユニークな語り口に魅了されたのを思い出し、対談が待ち遠しかった。久しぶりにお会いしてみると話題は芝居にとどまらず、包丁談義から文化論へと尽きない。芝居も文化、食も文化とあらためて実感させられたひとときだった。（和田）

黙阿弥、シェイクスピア、逍遥

和田　河竹先生というと、やはり江戸時代に大活躍した歌舞伎脚本作家・*河竹黙阿弥《かわたけもくあみ》の系譜ということもあって、歌舞伎や黙阿弥の研究家という印象が強くありますけど、演劇のなかに比較分析という新しい分野を開いた方でもある。舞台を通して日本人の美意識を論じた本を出されたり、*シェイクスピアに関するお仕事も多いですね。

河竹　そうなんです。私の本命はただの歌舞伎ではないんですよ（笑）。

和田　実は、私も高校生のとき英語のテキストがシェイクスピアだったことがきっかけで、長い間の楽しみの源となっているんです。シェイクスピアの魅力というのは一体何なのでしょう。

河竹　少し大げさかもしれませんが、日本の近代史はある面から言うとシェイクスピア受容史であると思うんです。それまでも、*仮名垣魯文《かながきろぶん》などがさかんにハムレットを

---

*河竹黙阿弥（一八一六〜九三年）江戸末期から明治にかけての歌舞伎狂言作者。一八三五年、一九歳のとき、五代目鶴屋南北に師事。代表作に「三人吉三」「白浪五人男」「加賀鳶」などがある。

*シェイクスピア（一五六四〜一六一六年）イギリスの劇作家・詩人。豊かな言葉で性格描写に優れた作品を著し、イギリス・ルネサンス文学を代表する作家とされた。

*仮名垣魯文（一八二九〜九四年）劇作家・新聞記者。『安愚楽鍋』などを著した。

翻案しているんだけれども、自我の告白を取り上げていない。要するに近代になって初めて、シェイクスピアを受け入れたというかね。それでは歌舞伎は近代をどう受け取ったのだろうということで研究してみると、シェイクスピアとのずれ方、或いは重なり方が見えてきて、私にはそれが面白いですね。

和田　日本でシェイクスピアを研究した第一人者とも言える坪内逍遥*さんに、演劇評論家のお父様、河竹俊繁さんが師事されていたとか。

河竹　坪内さんと島村抱月*さん、その二人が親父のお師匠さんです。坪内先生のことは最後まで「怖い先生」と言っていましたね。抱月さんは、何でも話せるおじさんみたいな存在だったようですよ。

和田　坪内逍遥という人は、外国へ行ったことが一度もなかったんですって。

河竹　なかったようですね。なにしろ飛行機が無かった時代ですから。伝説になっていますけど、電話も引いたものの最後まで電話口には出なかったってね(笑)。

和田　そうなんですか。

河竹　そういう意味では江戸風な人だったのかもしれないですね。同じ時代でも森鷗外*や夏目漱石*と比べると非常に日本的だったんです。だから、シェイクスピアの受け入れ方も、それを元にして日本の芝居を作るという意識があった。

和田　シェイクスピアの坪内訳も最初の頃は文語調というか堅いんですけど、次第に変わってきています。最後は現代語訳のようになっています。

河竹　そうですね。そういう点では時代に順応しないといけないという意識を持って

*坪内逍遥
(一八五九～一九三五年)明治時代の小説家。写実主義小説の先駆者とされる。代表作に『小説神髄』『当世書生気質』など。一九二八年にはシェイクスピアの全訳を完成。「早稲田文學」を創刊。

*島村抱月
(一八七一～一九一八年)明治時代の評論家・演出家。坪内逍遥とともに「早稲田文學」を創刊。西洋近代劇を日本に紹介したことでも知られる。著書に『新美辞学』『近代文芸の研究』など。

*森鷗外
(一八六二～一九二二年)明治・大正時代の小説家・翻訳家・医学者。官費留学生としてドイツへ。帰国後、小説『舞姫』や翻訳書『即興詩人』などを発表。

いたんですね。初めはシェイクスピアと同時代、十六世紀か十七世紀頃の日本の芝居ことばで訳すべきだということを考えて、狂言ことばなんですよ。

和田　そうなんですよね。

河竹　ハムレットの最初のセリフで、「Yes」というのがありますね。番卒が出てきて、夜真っ暗なところですれ違うんだけど、真夜中だから相手が分からない。「誰か」と誰何する、つまりお前は味方かと問いかけて、英語で「Yes」と答える場面ですよ。それを最初は「なかなか」って訳しているんですよ（笑）。

和田　まさに狂言そのままですね（笑）。

河竹　「なんとかなさしめ」とかね。「Yes」の方は「なかなか」がやがて「左様」になります（笑）。そういう意味では苦労したんですよ。それはやはり日本の芝居を作りたいからだということなんですね。

シェイクスピアの食事

和田　偶然、家内が雑誌に載っていたと見せてくれたので持ってきたんですけど、「シェイクスピアに捧げる食事のメニュー」というのがあるんですよ。

河竹　ほう。

和田　有名な人を勝手に客に見立ててメニューを作るコーナーなんですけど、面白いなと思いまして。

＊夏目漱石
（一八六七〜一九一六年）明治時代の小説家・英文学者。教師生活ののちイギリスに留学。帰国後、『吾輩は猫である』を発表。近代日本人の孤独、エゴイズムを描いた。

河竹　どんなメニューを捧げているんですか。

和田　当時のイギリスの典型的なメニューだと思うんですけど、「鹿肉のワイン煮、そら豆のピュレ」とか「フリッター」「マジパン」、あとはスープですね。

河竹　へえ、面白いですね（笑）。シェイクスピア時代の材料で、いわゆる再現料理ですね。

和田　文献から探ったのでしょうね。『シェイクスピア食べものがたり』という本もあるんですよ。今川香代子さんという食の歴史などを研究されている料理研究家の方が、シェイクスピアの作品に出てくる料理、食事をピックアップしているんです。

河竹　それもまた面白いですね。そんな事を考えたこともなかったけれど、そこに出てくるメニューは結構あるんですか。

和田　ええ。しかも例えばハムレットに出てくる鯉料理のところでは、シェイクスピアの頃に鯉という東洋の魚は無かったはずなんだけど、ポローニアスが「鯉の料理をなんとか」と言っているので色々調べてみるとやはりあったのだ、というような検証が出ています。

河竹　シェイクスピアを読んでも、そういうところまでは全然気付きませんでした（笑）。

和田　そういえば映画ほど、芝居にはあまり食事の場面というのは出てこないような気がしますが。

河竹　出ないことはないんですけど、その部分がクローズアップして語られたことはないかもしれません。*近松門左衛門に関しては、*樋口慶千代《よしちよ》博士の名著『近松語彙』というのがあって、植物や動物、食べ物もあったかな、とても詳細に調べて分類したものがあります。その中から食べ物に関するものを抜き出してみたら、面白いかもしれませんね。

和田　お芝居で食事の場面を盛り込むというのは難しいんでしょうか。

河竹　歌舞伎でも、あることはあるんですよ。たとえば、「*仮名手本忠臣蔵」だと七段目に「蛸肴《たこざかな》の場」というのがあるんですね。遊興にふけっている大星由良之助、つまり大石内蔵助が、ちょうど切腹した主君の命日の前の晩に酒宴の席についている。すると今は敵方の斧九太夫、これは大野九郎兵衛にあたる人物ですけど、彼が蛸を由良之助に突きつけるんですよ。生臭さものですよ。由良之助はこれを食べないと敵討ちの肚があると見透かされるから、仕方なくのみ込むんです。有名な場ですね。

和田　食べ物というか、食べる所作が重要な鍵を握る場面ですね。

河竹　黙阿弥の芝居にも居酒屋の場があって、いっぱい料理が並んで……というものはありますね。メニューなんかもあってね。そう、「髪結新三」の初鰹や、「河内山と直侍」で直次郎が本物のそばを食べる場も有名でしょう。ただ、飲む場面は結構あるけど、具体的に食べる場面というのは少ないかもしれないですね。

和田　書く人が食い物に興味のある作家ですと、いろんな場面に登場するのかもしれないですね。

---

*近松門左衛門（一六五三～一七二四年）江戸前中期の歌舞伎・浄瑠璃作者。町人の人情を描く「世話物」を多く創作し、人気を博した。代表作『曾根崎心中』『国性爺合戦』など。

*樋口慶千代（一八七九～一九五六年）国文学者。東洋文庫研究室員から日大教授など。

*仮名手本忠臣蔵　赤穂浪士のあだ討ちに取材した作。人形浄瑠璃、歌舞伎の名作。

黙阿弥の好物

河竹　シェイクスピアの食卓の話が出てきましたけど、黙阿弥は非常に質素だったんですよ。文化文政の生まれですから若い頃はかなり道楽をしたらしいんですけど、むしろ作者になってからは質素だったようですね。

和田　どんな食生活を送っていたんでしょうか。

河竹　黙阿弥はね、くさやの干物が好物だったそうですよ。

和田　へえ、そうなんですか。

河竹　これには面白い挿話があって、七代目團十郎*がからんでくるんです。

和田　「勧進帳*」を始めた團十郎ですね。

河竹　ええ。黙阿弥はその七代目に認められて出世するんですけど、七代目がやっぱりくさやの干物が好きだったそうです。

和田　なるほど。

河竹　七代目というのは覚えが悪くて、「勧進帳」をやるときにセリフが覚えられないわけです。それで困って、黙阿弥に黙って後見しろと言って、それを見事につとめて認められたということらしいですね。

和田　よく「名優必ずしも覚えがよくない」、と言いますよね。

河竹　一方、黙阿弥は非常に記憶力がよかったんですね。黙阿弥もまだ若かったんですが、それ以来、七代目がちゃんと「師匠」って呼んでくれたっていうんですよ。「師

---

*七代目團十郎
（一七九一～一八五九年）歌舞伎役者。鶴屋南北（四代）生世話物などを好演。歌舞伎十八番を制定。

*勧進帳
歌舞伎十八番のひとつ。能の「安宅」を歌舞伎化したもの。七代目團十郎の弁慶で、一八四〇年、初演。

匠、ちょっとやろうじゃないか」って言って、楽屋でくさやの干物を焼くんだそうです（笑）。

和田　それはくさかったでしょう。

河竹　ええ、楽屋中におうんで他の役者が閉口したってね。それで晩年はふたりとも総入れ歯になっちゃって。

和田　それは面白い（笑）。でも、そうやって作者と役者とでいい関係を築いて、名舞台を作り上げてきたんでしょうね。

河竹　その通りだと思いますよ。

和田　芝居というと幕の内弁当ですが、あれは歌舞伎の幕間に食べたことから始まったんですか。

河竹　それがね、一般的には幕間に食べる弁当だと思われているんですけど、実はそうじゃないんです。幕というのは舞台の幕、内と外というのは裏方と表方、つまり幕の内というのは裏方の世界なんです。裏は楽屋ですから戦場みたいに忙しい。飯なんか落ちついて食っていられないということで、一口で食べられる握り飯が作られたんですね。

和田　幕の内にいる人のための弁当ということですね。まさに日本スタイルのファストフード。

河竹　はい。ぱっと一口で食べられる俵型のおむすびは、決して観客のために作られたわけではなかったんです（笑）。

芝居と想像力

和田　歌舞伎を見ていると、江戸時代というのは面白いなあと思いますね。

河竹　それこそ、包丁の研ぎ方なんか、文化文政の頃から幕末にかけてはものすごく厳しかったそうですね。料理のうまいまずいに影響するのは当たり前だし、話題は何かというと、包丁の研ぎ方。包丁の使い手が変わったのも分かるくらい繊細な味の感覚があったんですよね。

和田　繊細と言えば、私が最近実感しているのが、日本の和菓子の素晴らしさなんです。韓国、台湾など近い国でも、和菓子のような繊細で美しいものを私はまだ見かけませんが……。

河竹　フードピアというお祭りで金沢へ行ったとき、たまたまお菓子の展覧会をデパートでやってて見たんですけど、あれは本当に見事に作るものです。

和田　やはり日本というのは、傘や扇子のように日常的なものでも、美術品みたいにしてしまう、芸術品に昇華してしまうところがありますよね。

河竹　芝居にも出てきますけれども、「見立てる」という考え方は非常に日本的ですね。それこそ芝居を観るうえでも想像力が働くのと働かないのとでは、随分違うと思いますよ。

和田　演技の上手下手もあるのかもしれませんが、いい芝居にはのめり込んでしまいますよね。私なんか、「オセロ」*の悪役イヤゴーには芝居だって分かっていても腹が

---

*オセロ
シェイクスピア四大悲劇のうちのひとつ。将軍オセロが部下のイヤゴーの企みで、妻の貞操を疑い殺害、真実が明らかになり自殺する。

立つんですね。何度観ても腹が立つ（笑）。だからこそ、それはいい芝居、いい役者といえるのかもしれませんが。

河竹　シカゴで実際に事件があったんですよ。イヤゴーがあんまりひどいものですから、客席からピストルでウィリアム・バッツという名優が撃たれたことがありました。

和田　本当ですか。

河竹　撃った青年士官はすぐに、これは芝居だったということに気付いて愕然として、即座に同じ銃で自殺した。撃たれた役者も亡くなってしまいました。日本の幕末にも確かそういうことがありましたね。真面目で世間知らずな侍の息子が芝居を観ていて、子が母親を虐待する場面で憤って、舞台にあがってその役者に刀で斬りつけちゃったんですよ。止めに入った大道具の人が片腕を斬り落とされて死んでしまった。だから、名優は危ない。みかんの皮を投げられるぐらいならまだいいんです。

和田　それでどうなったんですか。

河竹　日本の場合は、侍だから役人に手を回してね、百両とか何とか、お金で解決させてしまったんです。アメリカの方は両方の死者一緒の墓を作りまして、墓碑に「理想的な俳優と理想的な観客のために」と彫ったんです。後の扱い方が非常に対照的ですよね。

和田　一昨年かな、日中国交回復三十周年記念で「蝶々夫人」*を中国で上演したんです。俳優は向こうの役者がやったんですけど、当時の森喜朗首相が、蝶々夫人にひどい仕打ちをしたピンカートンに腹を立ててね。終演後に出演者も加わってパーティー

＊蝶々夫人
プッチーニ作曲のオペラ。舞台は長崎。米国軍人ピンカートンと結婚した日本人女性の悲劇。

をやったんですけど、森さんは腹が立っているから、ピンカートンと口をきかなかったそうですよ（笑）。感情移入してしまったんですね。

河竹　それはいい話ですね。それこそ、作者冥利、役者冥利に尽きるというものです。

和田　しかし、シェイクスピアの食卓に並んだメニューと、黙阿弥の膳に載っていたくさやがつながるとは思いませんでした（笑）。

河竹　坪内さんは、黙阿弥のことを「日本のシェイクスピア」と称してくれました。だから、あながちかけ離れてもいないかもしれません。

和田　これからは、舞台のなかで料理や食卓がどう描かれているか、そんな見方でも芝居を楽しめそうです。

河竹　幕間にはもちろん、幕の内弁当を召し上がってください（笑）。

仏行は一期一会、食事も然り

◉ゲスト　松原太流（大本山永平寺西堂住職）

◉聞き手　古川洽次

松原太流（まつばら・たいぶん／右）

大正12年、福井県生まれ。福井県織田《おた》町（現在の越前町）の禅興寺にて10歳で得度。禅興寺住職を経て、曹洞宗大本山永平寺西堂住職。

2003年対談

有難い天ぷら

古川　今日は京都を経由して福井の武生《たけふ》*までやって参りましたが、緑が豊かでお寺の多い土地ですね。

松原　越前府中として、古来より栄えた土地で、国分寺が置かれ、商・工の中心でもあり、信仰もまた盛んなところです。現在、旧市内だけで百二十カ寺ございます。市町村合併で越前市*になり、二百カ寺を越えております。

古川　老師はこの近くでお生まれになったのですか。

松原　ええ、北陸トンネルの近くで、家は猫の額ほどの土地で百姓をしておりました。あの頃は何でも作ったものです。

古川　そういえば、昔の家庭には石臼などもありました。粉や蕎麦を挽く手伝いをしましたが、これが結構、重労働で。

長くサラリーマンとして仕え、仕えられてきたが、禅の世界でも仕えることは大事らしい。松原老師によれば、もっとも心にのこる師の教えは「仕えるとはどういうことか」だったという。食事の給仕をするにも相手の心を思いやることを忘れるなというのだ。会社の仕事にもつうじることだが、これはなかなかにむずかしい。老師にはまた「一杯のお茶にも一期一会の精神で」と教えられた。いずれも肝に銘じ、日々、事に当たりたい。（古川）

＊武生
福井県中部にあった市。現在は越前市の一部。かつて越前国の国府があったとされ「府中」と呼ばれていた。織物、刃物、和紙など伝統技術が伝わる。

＊越前市
二〇〇五年十月に、福井県武生市と今立郡今立町が合併して越前市となった。

松原　我々は胡麻豆腐なども作りますが、胡麻を擂るのがまたひと仕事でね。

古川　お寺では蕎麦も打つのですか。

松原　この頃は打ちません。昔は田舎ではどこでも、何かあるというと蕎麦を打ってふるまったものです。

古川　お餅をつくかお蕎麦を打つか鶏をつぶすか、ふるまいといったらそれぐらいだったのですよね。

松原　でも、それが一番のごちそうでした。私が住職をしたての頃、寺で蕎麦を打つと、「教えてくれ」なんてよく人がきたものです。そば会が出来まして、学校の先生からお医者さん、警察の人もおるし、いろいろな人がてんでに捏ねたり茹でたり。ある人など、蕎麦を洗う係りになって、洗うそばから口に運んでは「うまいうまい」なんて（笑）。ひとりで一升、食べた人もいました。

古川　おいしいものを、おなかいっぱいに食べられる、それが何よりです。

松原　今の若い人はなぜか分かりませんが、食が細い。我々はもののない時代に育っているから、勿体なくて残せない。

古川　ひもじいという思いを経験したことがないからではないでしょうか。それにしても、食べるものは本当に豊かになりました。会食などでお店に入られる機会も多いのではないですか。

松原　残したり箸がつけられないと、心から申し訳ないと思います。

古川　天ぷら屋などに入ったら、お困りになりますね（笑）。

松原　かつて私が侍者としてお仕えした永平寺*七十三世熊沢*禅師様が、東京の永平寺別院にご滞在の時、東京の銀座にご信者の方がやってらっしゃる天ぷら屋があって、江戸前の立派な海老や鱸《すずき》なんかを揚げて持って来てくれるのです。わしは食えないなあなんてつぶやきながらも、「さあ食べてみようかな」と箸で天ぷらをつまみあげたのです。おや、と思っていると、「これは得度をしているからね」と言ってやはり箸を置かれた。天ぷらが衣を着ているのを、得度に例え（僧侶の衣に見たて）たのです（笑）。結局、若い人に食べてもらいました。

古川　いかにも禅宗らしい、ユーモアですね。

松原　だから別院の若い人が喜んで。禅師が来ると〝今夕は天ぷら〟。なにしろ得度をしていますからね（笑）。

古川　有難いお経をおさめているから、若い人は毎日食べないと。

松原　その通りです（笑）。

典座という仕事

古川　老師は曹洞宗の大本山、永平寺の典座*《てんぞ》をおつとめになっていらっしゃいましたが、典座という仕事はご自分から希望してなるものなのですか。

松原　そういう人もおりますが、配役で決められる場合もあります。もののない頃は、飯だけは食えるから典座へ行こうなんていう人もおりましたが（笑）、私はそれでも

＊永平寺
福井県永平寺町にある曹洞宗大本山。一二四四年に開創。開山は道元。

＊熊沢禅師
熊沢泰禅《くまざわたいぜん》禅師（一八七三〜一九六八年）。曹洞宗の僧侶。永平寺七十三世貫首。

＊典座
禅宗の寺で食事を司る役職。

いいと思います。曹洞宗の開祖・道元が料理について説いた『典座教訓』などにも示されておりますが、たとえ食べたいという一心で入っても、仏さまや修行をする人たちにお供えする食事を作る大事な仕事なのだという自覚が自然に出てくればいいのです。

古川　永平寺の典座ということになりますと、ずいぶん大勢の方のお食事を用意されることになるでしょう。

松原　そのときによって違います。私が雲水として典座寮に入った昭和十八年は、戦争にかりだされて雲水も少なかったのですが、やはりもののないことで苦労しました。*九頭竜川《くずりゅうがわ》の河口まで塩を汲みに行かされたり、薩摩芋の茎を集めたり、山へ入っていろいろなものを採ってはお粥に入れたり。とにかく皆に食べさせたい、という気持ちでした。

古川　今のお話は、中国へ行った道元禅師が椎茸を買いにきた*阿育王山《あいくおうざん》の典座と会って、食事の支度を疎かにしてはいけないと悟る話にも通じますね。お寺の中で出す献立はどのようなものですか。

松原　だいたい季節のものが主ですが、朝はお粥に沢庵に胡麻塩、昼はお味噌汁に麦ご飯。夜は昼のものに漬け物と、大根か芋の煮たものを一品つける。あとは、特別なときに揚げを入れたり。私の頃はその繰り返しでしたね。

古川　季節の野菜が入るのですね。

松原　特に気をつけるのは、その時のものを使うということなのです。永平寺なら永

---

*九頭竜川
福井県の北部を流れる。岐阜県との境に源を発し、坂井市で日本海へそそぐ。全長一一六キロ。

*阿育王山
三世紀末、阿育王が造ったとされる舎利塔を、晋の劉薩訶《りゅうさつか》が発見して塔を建ててまつった場所。のちに阿育王寺が建立された。宋朝五山の一。

平寺の山に生じたもの、育ったもので何か献立を考えていくということですね。よそから買ってきたものばかりではなく、かならず一品でもそういったものを添えるということが大切なんです。

古川　それは決まりですか、それとも心掛けなのでしょうか。

松原　典座というものの心構えですね。いかにお膳いっぱいにごちそうしても、何も土地のものがないというのは淋しい。それから、これは健康の面からも大事なことだと思うのですが、その土地の水と空気で育ったものを一つの料理にまとめる工夫が必要だと思うのです。少々味が劣ろうとも、地の畑で地の水で育ち、地の空気を吸った作物を使うということは大切です。私とてこの土地の水を飲み、この土地の空気を吸ってきておりますから、地のものと自分という一体感が得られるのは大きい。

古川　味付けに関してはいかがですか。

松原　料理をするときに大事な味を「五味《ごみ》」といいます。苦い、酸っぱい、甘い、辛い、鹹《しおから》い。これが調和しておいしい料理ができるわけですが、人間も同じです。甘いもあれば酸いもある。辛いばかりが人間でもないし、苦い、えぐいというのも味です。それに淡《たん》という味を加えると「六味《ろくみ》」になる。人間的にも淡味のある人はいいですね。五味が渾然となって淡味が出ると、料理も人もいい。

古川　それは一つの理想ですね。

松原　ええ。実際はそういう風に説いても乱暴なままの若い人もいますが、それをまろやかにしていくのが僧堂なんですね。例えてみれば、芋の子を水車で洗っていると自然に皮が剝けてつるつるになっていくように、修行をするうちにみんなまろやかになっていくものだ、というところでしょうか。

茶礼と典座の三徳

古川　丸の内に三菱グループ会社のクラブがありまして、よく会合が開かれる部屋に懸かっている書が、実は、永平寺貫首七十六世 秦慧玉《はたえぎょく》*禅師の揮毫によるもので、「喫茶去《きっさこ》」と書かれています。一緒に食事をするお客様から「一体どういう意味なのか」とよく聞かれるんです。

松原　唐代を生きたわれわれのお祖師さま、趙州《じょうしゅう》*禅師の言葉です。「お茶を召し上がれ」という挨拶の言葉のようなもので、特に意味はありません。

古川　理屈を言わないで、まあお茶を飲んで行きなさい、ということですね。

松原　趙州禅師は、何を聞かれても「喫茶去」と答えていたとされています。

古川　なるほど。お茶をいただくときはそのことに心を尽くしなさい、というような意味も含まれているのでしょうか。

松原　はい。お茶に向かったらお茶に専念する、それは修行も同じなのですよ。

古川　茶道に通じる精神性を感じます。

松原　曹洞宗に限らず臨済宗でも、いわゆる「茶礼」というものを非常に大切に教えています。これはもちろんお茶のしきたりにも通じますし、やはり仏行も一期一会で

＊秦慧玉禅師
（一八九六〜一九八五年）八歳で得度。臨済禅を学ぶため岐阜県正眼寺で修行した。永平寺七十六世貫首。

＊趙州禅師
（伝七七八〜八九七年）中国唐代の伝説的な僧。六一歳で発心、八〇歳で寺に住職し、一二〇歳まで禅の修行を積んだとされる。

それに徹することが大事なんですね。一杯のお茶でも粗末に扱ってはいけない。明日でなしに、今、このお茶をいただくという気持ちです。

古川　食事も同じですね。

松原　その通りです。食事というのは自分の命を全うするため、健康な体を作るためにいただくというだけではなく、食事そのものが仏道を行ずる一つでもあるわけです。もっと言えば、平生の我々の日常はみんな修行の一つであって、食事も、休むことも、或いは草取りも禅も、みんな一つでなければならないのです。「只管打坐《*しかんたざ》」というけれど、坐禅だけのことではなく、典座寮の炊事の仕事においてもそういう精神を持ち続けなければならない。

古川　そういうことも、日々の修行からつかむのですね。

松原　師から教わったことで一番心に残っているのは「仕える」ということです。古老、先輩に仕える役から本堂の係りになったときに、人間は不平を言いますが仏様は何も仰いませんから、仕えるということをよく考えなければいけないと言われました。他の人に仕えるという気持ちは大事ですね。

古川　今、仕えるという意識を改めて考える機会は、ほぼないような気がします。

松原　給仕するという言葉の意味も、今は深く考えません。私はこの言葉は日本語の美しさの一つのあらわれだと思うのですが、何もへいこらと頭を下げてするのではなしに、心を行き届かせて、自分の心と相手の心を一つにして、「相手は何を欲しているのだろう」というようなことまでも思いやりながら給仕することが大事だと思うの

*只管打坐
曹洞宗開祖・道元が説いた、「雑念を捨てて座禅に打ち込む」という教え。

です。

古川　しかし、『典座教訓』に書かれていることも、実際はなかなかできないことだなぁと思いました（笑）。日々行いだということは、会社の仕事も同じなんですけれども。

松原　先に申しました熊沢泰禅禅師は、「大根の煮たのを、わしがもういいと言うまで毎日、昼のお膳につけてくれ」と言いました。「もうお飽きになっただろう」なんて思ってつけるのを止めると、「今日はなぜお膳につけない」と言う。しかも、毎回同じ味にしてくれと仰るのです。

古川　それは難しい注文ですね。

松原　同じ材料を使ってもこちらの気分によって変わるんです。それではいけない、食する人が安心して、「これは大根だ、これは芋だ」って箸をつけられるようにしなければいけないという、この教えは骨の髄までしみ込んでおりますね。

古川　変わらない味が安心の源である。

松原　そうです。茄子なら茄子の味がきちんと伝わることが大事なんですよ。できあいのもの、擬《もどき》もいけません。やはり自分で手を下して、「心配」するということです。

古川　手配するのではなくて、心を配るのですね。

松原　「軽軟《きょうなん》」（軽くやわらか）、「如法」（法にかなって作られている）、「浄潔」（きれいでさっぱりしている）というのが典座の三徳で、料理にはこれが備わっていないといけないのです。ですから典座では、常に清潔、整頓を心掛けて、料理だけでなしに片付けまで含めて典座の職務であると、道元禅師も説いておられるわけです。

真理は一つ

古川　こうやってお話をうかがっておりますと、老師のいらっしゃる精神的な世界と、私どもが身を置いている物質的な世界と、一見違うように見えて実は通じるものがあると思うのです。つまり、変えなきゃいけないものと、変えてはいけないものがあるということです。世の中はどんどん変わっていって、それにつれて、或いは先駆けていろいろなものを変えてしまいますが、つい、変えてはいけないものまで変えてしまうことがある。そこを見極めるのが難しいのですよね。

松原　結局、真理は一つということなのです。それぞれがどのような仕事をしていても、営利や目的があっても、目指すところは真理の探究だと思うのです。「いや、飯を食うためだ」と言っても、突き詰めると自分の精神や肉体を養うということなんですよ。一般の人で言うと、働くことはただ食べるということでなく、食べることによってまた世の中に利益をもたらす、自分の満腹感だけでなくその満腹感を世の中に巡らせるという気持ちが大事なのではないでしょうか。

古川　世の中の流れに身を任せてしまって、そこへなかなか辿りつけない。

松原　われわれの方でも、便利だからとかこれが世の中の大勢の人たちの考えだからといっても、逆にそこまで行ってはいかんという気持ちがあるのですよ。

古川　そういえば、先程、「土地の水」と仰いましたが、永平寺では水はどうしているのですか。

松原　永平寺では谷川の水を使っていました。大仏ダムが完成してからは、それを使っています。しかし、自然の水の方がうまいと思いますよ。

古川　世界はいま人口の増加に伴い、深刻な水不足に陥っています。二〇〇三年現在、世界の総人口は約六十二億人ですが、その一割弱の約五億人が極度の水不足に苦しんでいるんです。慢性的な水不足に悩んでいる人は四分の一の十五億人に達するともいわれています。幸い日本は水資源に恵まれてますし、時々水害もあるので水の有難さを日々に実感はしませんが、地球的にみるといまや水は一滴も無駄にしてはいけないものなんだと思います。

松原　その通りだと思います。

古川　日本人は特に水を無駄にし過ぎるということを反省しないといけません。

松原　文化と一言で言いますが、文化ということは、ものや水、命を粗末にすることではないですよ。一草一木に命を映すというか、認めるというか……。

古川　水の使途には工業用水や生活用水もありますが、圧倒的に多いのが農業用水で、世界中で現在使っている淡水の約七割は農業用なんです。特に灌漑は河川からの取水のほかに地下水を汲み上げていますが、世界的にみると地下水を汲み上げ過ぎて農作物の灌漑にも支障が出始めている状況です。そういう水をたくさん使った農作物を水の豊かな日本が多種多量輸入していることを考えると、やはり日本は食糧の自給率をもっと上げたほうがいいんじゃないか。しかし、そうなると値段が高くなる。だったら安い方がいいから外国から仕入れて……という相克関係になってしまうんです。

松原　それはなかなか難しいことですね。人間の欲望を満たしていく一方で、自然のバランスなども考えなければならないわけですからね。

古川　そこを担うのが本当は政治なんですよね。そこに一本筋が通るということが理想だと私は思うのですが。

松原　これは臨済宗*の方でもそうですが、炊事や掃除などで残った水は捨てずに植木や石にかけてもいいんですよ。そうやって一滴も無駄にしないということがやはり大切なんですよね。

古川　それが本来の水の使い方です。

松原　私が生まれたところでは、川が流れていて水は豊富にあったのです。綺麗な水でしたから生活に使っていました。

古川　川というと日本では清流を想像しますが、外国の川は正直言って汚い。日本の場合、山が海に迫っている地形が多いので、雨が降ってから海に注ぐまでの距離と時間が短いからです。さらに、外国の川は平べったく緩《ゆっく》り流れながら、通過する色々な国で利用される国際河川だということがあります。したがって、川に接している国の間での水利権*争いには激しいものがあります。見方を変えれば、日本では海に流れ去る前の水の利用度がいまだ低いのではないかということです。

松原　しかし日本でも田畑が減って、水が貯まりにくくなっていますね。

古川　田んぼを耕し、棚田*を守る。せめて休耕田にも水を張るなどの工夫をしないと地下水は貯まりません。漁業資源を守るためにも落葉樹林を大切にしなければならな

---

*臨済宗
禅宗の一派。開祖は唐の臨済義玄。日本には栄西が伝えた。

*水利権
河川の流水や湖沼の水などを、灌漑や水道、発電などに継続的に占用する権利。

いのです。そうしなければ地も海も荒れます。水のことは私たちが日々の仕事をしていくうえで常に考えていかなければならないことだと思います。

松原　『典座教訓』に「一粒米を軽んずること勿れ、一滴水を惜しむ」の語があります。水というのは大事ですな。

古川　『典座教訓』に触れれば、ものを大切にするということが本質的によく分かると思います。われわれの食事も一期一会。だからこそ一回一回、大切に向かいたい。これは、一般の人にこそ読んでほしい書物だと実感いたしました。

＊棚田
傾斜地にある水田。農水省では、傾斜度が水平二〇メートルにつき、一メートル高くなる場合、棚田と認定している。アジア各地の山間地に見られる。

褒め上手が食い上手
堀口大學流養生訓

◉ゲスト 堀口すみれ子（詩人・エッセイスト）

◉聞き手 和田龍幸

堀口すみれ子（ほりぐち・すみれこ）

詩人・エッセイスト。詩人・堀口大學の長女。慶應義塾大学仏文科卒。神奈川県葉山町在住。エッセイ集『虹の館』、詩集『風のあしおと』『水辺の庭』、父・大學の詩集を編んだ『幸福のパン種』（いずれも小社刊）などの著書がある。

2004年対談

父・大學、祖父・九萬一

堀口大學先生は口語のことばを詩に持ち込んだ、近代文学史上における大功労者。そして私の母校・慶應義塾の大先輩。今回は詩やエッセイで活躍されている息女・すみれ子さんを葉山に訪ねて、大學先生の家庭での素顔を伺った。大學先生命名の「虹の館」――堀口家の食卓には、その名に違わず彩り豊かな料理の数々が並べられ、ほろ酔い気分も手伝って至福の中食となった。（和田）

和田　今日は、すみれ子さんの手料理をいただけるということで、大変楽しみにして参りました。

堀口　好きなんですね。お料理も、お客様をお迎えするのも。父の大學*が生きていた頃からいろいろな方がお出でくださる家でしたから。

和田　大學先生は、もちろん詩人として高名な方ですが、すみれ子さんのお祖父様、九萬一《くまいち》*さんは、漢詩の大家でもあり外交官としても活躍された方でいらしたんですね。

堀口　祖父は、試験で外交官を登用するようになったときの、合格第一号なんです。新潟・越後長岡藩の出身で足軽の息子なんですが、早くに父親を亡くして母ひとりに育てられたんですね。そのお母様が偉くて、「これからは勉強だ」って。ですから外交官になった時の喜びは大変だったようです。

---

*大學
堀口大學（一八九二〜一九八一年）。詩人・フランス文学者。学生時代から「三田文學」などに詩を発表する。また翻訳を多く手がけ、その訳の斬新さで当時の文学青年に大きな影響を与えた。詩集に『月光とピエロ』、訳詩に『悪の華』（ボードレール）、『月下の一群』など。

*九萬一
堀口九萬一（一八六五〜一九四五年）。堀口大學の父。漢詩人・外交官。外交官として世界各地を転々とし、メキシコでは、クーデターからマデロ大統領夫人と息子を救うなど、サムライ外交官とも呼ばれた。

和田　仄聞するところによりますと、気骨のある凄い人物だったんですね。

堀口　一九一〇年のメキシコ革命が起きた時、まだメキシコには日本大使館はなく、公使が祖父だったのです。それで、当時のマデロ大統領*のご家族、奥さんやご両親、それにお嬢さまたちが公使館に逃げ込んできたのをかくまったそうなんです。

和田　第二次世界大戦のさなか、ユダヤ人へビザを発給して尊い命をナチス・ドイツの迫害から救った、外交官の杉原千畝*さんの話よりもずっと前ですね。

堀口　実は、最近、九萬一を小説にしてくださるというお話がありまして、その中でも、メキシコ革命時の祖父の話が書かれるそうです。父大學は二歳で生母を亡くしています。そのあと九萬一が再婚したのはベルギー人でした。ですから妻が外国人だったせいもあって、マデロ大統領の家族とはとても親しくしていたんですね。

和田　たしか、マデロは暗殺されてしまったんですよね。

堀口　反乱軍が公使館に攻めてきたときに、日本の国旗を下に敷いて「来るならこれを踏んで来い」と九萬一が言ったという逸話も残っています。マデロは守れなかったけど家族のことは必死に守ったんです。とても気骨のある人でした。

和田　そのお父様に連れられて、大學先生は諸外国をまわられていた。

堀口　父は結核でしたから、祖父が手元に呼び寄せたんです。結局、十八から三十三歳までの十四年間、父は祖父と一緒に暮らしました。結核もちょっとやそっとのものじゃなかったらしく、「今夜死んだら明日どうやって骨にして日本へ連れて帰ろうか」という相談を枕元でしていたときもあったとか。

＊マデロ大統領
（一八七三〜一九一三年）メキシコの革命家、大統領。一九一〇年、当時の独裁者ディアスに対し蜂起、その地位を追う（メキシコ革命）。その後、自ら大統領となるが、一九一三年にディアスの甥のクーデターにあい、殺害される。

＊杉原千畝
（一九〇〇〜八六年）外交官。第二次世界大戦の際、外務省の規則に反してビザを発給し、六〇〇〇人にのぼるユダヤ人を救った。戦後、イスラエル政府から功績を讃えられ「ヤド・バシェム賞」を授与される。

和田　お祖父様はお幾つで亡くなられたんですか。
堀口　八十でしたでしょうか。
和田　長命でいらしたんですね。
堀口　ええ。父も八十九歳まで生きました。

酒品よく飲む

和田　それでは折角ですのでいただきます。綺麗な盛りつけですね。
堀口　今日は、お豆腐と卵で作った擬製豆腐、鶏挽肉の葛寄せ、大根と蟹、平目の黄身寿司、秋刀魚の幽庵焼き、茄子、銀杏、蓮根を揚げたもの、小鉢の烏賊はアオリを海胆和えにしました。和食のほうがいいと思いましたので。
和田　大學先生はよくお飲みになられたんですか。
堀口　ええ、お酒は三百六十五日いただいておりました。遠い親戚に造り酒屋がおりまして、そこからほとんど原価で分けていただいていたんです。
和田　あまりべろんべろんに酔うことはなかったですか。
堀口　ええ、酒品はよかったですよ。
和田　酒飲みというのは際限なく飲みたがるものなのですけれどもね（笑）。
堀口　本当は際限なく飲みたかったのだと思います（笑）。和田さんも以前はたっぷりお飲みになられたんですか。鹿児島の方は、とにかくよく飲まれますよね。

和田　ええ、まあ胃をとるまでは（笑）。鹿児島の猪口は野蛮でして、底が三角錐になっているんですよ。
堀口　なるほど。置けないから飲み干すしかないんですね。
和田　あとはね、底に穴があいているのもある。だから、油断すると漏れちゃうんでこれも置けないんです（笑）。
堀口　父はどちらかというと、独りでちびりちびりでしたね。
和田　お燗で飲んでいらしたんですか。
堀口　ええ。脇に薬缶を置いて、ぬるいお燗を自分でつけておりました。
和田　大學先生が命名されたお酒もあるとか。
堀口　はい。「女なかせ」というお酒です（笑）。

褒め上手

堀口　こちらは胡麻豆腐です。やわらかいのでお腹にもやさしいかと思います。
和田　お造りも美味しいですね。葉山には漁港があるんですか。
堀口　ええ、小さい漁港が幾つかあってぽちぽちは揚がっていますけれども、こういった魚はもうちょっと先の漁業組合の市場に買いに行きます。
和田　やっぱり、旬のものが一番ですよね。
堀口　獲れたてのもの、新鮮なものがやはり一番のご馳走だと思います。

＊小林秀雄
（一九〇二〜八三年）日本の近代批評を確立した文芸評論家。鎌倉に住み、中原中也、河上徹太郎らと交流。文学界に大きな影響を与えた。著書に『本居宣長』、翻訳『地獄の季節』（ランボー）など。

＊里見弴
（一八八八〜一九八三年）白樺派の小説家。有島武郎、有島生馬は実兄。鎌倉に住み、「鎌

和田　酒品ということばで思い出しましたが、小林秀雄*、里見弴*、中村光夫*といった鎌倉文士の面々と葉山の蕎麦屋によく飲みに行ったときに、酔って絡みだした小林秀雄をなだめてその場をおさめたのは大學先生だったそうですね。

堀口　父がいると、まわりが何も言えなかったようですね。決して威張っているわけではなかったんでしょうけれど。

和田　佐藤春夫*さんは無二の親友で、こちらへもよくお見えになっていたとか。

堀口　ここから二、三分のところに旅館があって、奥様と一緒にいらっしゃるんです。春夫先生は全然お酒を召し上がらない方で、父の晩酌の相手はできないからご自分たちは宿でご飯を召しあがっていらしたようですね。

和田　おふたりが酒を酌み交わすということは無かったんですね。

堀口　春夫先生という方はとても人を思いやるところがありました。あちらは門弟三千人の大作家で、一方の父は、「詩人とは独りでじっと居ることだ」と孤高を貫いたような人でしたのに、よく親しくしていたなあと思います。ですからあとから思うと、春夫先生は父の邪魔をしないように訪ねてきてくださる時も、それはそれは気を遣ってくださったんですね。

和田　大學先生は、佐藤春夫と谷崎潤一郎*との事件でもいろいろと相談に乗っていらしたんじゃないですか。

堀口　私は父から聞いたことはありませんが、そうかもしれません。春夫先生がお見えになって、私がお茶を持っていくと、あちらはお嬢様がいらっしゃらないから、と

倉文士」を代表する作家のひとり。代表作に『多情仏心』『極楽とんぼ』など。

＊中村光夫
（一九一一～八八年）評論家。日本の近代文学を鋭く批評した。著書に『二葉亭四迷論』『風俗小説論』など。

＊佐藤春夫
（一八九二～一九六四年）詩人・小説家。詩集に『殉情詩集』、小説に『田園の憂鬱』など。谷崎潤一郎の妻・千代をめぐり社会の関心を集めた

＊谷崎潤一郎
（一八八六～一九六五年）小説家。耽美的な作風に新境地を開いた。のち古典的な日本の美に傾倒。『痴人の愛』『細雪』『春琴抄』などの作品をのこした。

ても可愛がってくださって。でも、いつもいかめしいお顔をして座っていらっしゃったのを覚えています。

和田　そうですか（笑）。すみれ子さんが大學先生の思い出をお書きになったご本『虹の館』で知りましたが、どんなに生活が苦しいときでも、お酒だけはお母様が絶対に切らさなかったそうですね。

堀口　ええ。あとはやはり、晩酌の肴に何をつけようかというのが、年がら年中母の頭にはあったと思います。

和田　お母様も新潟・妙高のご出身で、こちらで都会風のお料理を作られるのは大変だったでしょうね。

堀口　最初は見当はずれのことをさんざんしたようでしたけれど、料理が好きだったんでしょうね。母は十九で四十八歳の父と結婚したんです。だから父も期待していなかったんじゃないでしょうか（笑）。

和田　大學先生は褒め上手だったそうですね。料理も褒めて褒めて、それでお母様も上達されたんじゃないですか。

堀口　ええ、父は食い上手なんです。おだてておだてておいしいものを作らせる。

和田　それは見習わないと（笑）。

堀口　和田さんは薩摩隼人*だからきっと男子厨房に入らず、でしょうね。

和田　女房には、さんざん今まで私一人がつくってきたんだから、仕事をやめたらすぐ料理学校へ行ってくれって言われています（笑）。大學先生は包丁を握られません

＊薩摩隼人
薩摩出身の武士、または鹿児島出身の男性のこと。古代、薩摩に居住、勇ましいことで知られた隼人一族に由来する。

でしたか。

堀口　はい、まったく。そのかわり、文句も言わない。

和田　召し上がるのはやはり和食だったんでしょうか。好き嫌いは。

堀口　洋食は外国でさんざん食べてきたからでしょうか、お肉は食べなかったし、鶏もささみぐらいと、母が作ったローストチキンだけですね。でも私がお稽古して帰ってきて作ると、グラタンでもシチューでも何でも「おいしいおいしい」って食べてくれました（笑）。

和田　では、すみれ子さんのお料理がおいしいのは大學先生のお陰ですね（笑）。

丸十ご飯

堀口　最後にご飯とお味噌汁をどうぞ。

和田　さつま芋のご飯ですね。

堀口　「丸十ご飯」です。丸に十というのは薩摩・島津氏の家紋なんですよね。

和田　そうですよ。ああ、鹿児島にちなんで作ってくださったんですね。これは嬉しい。実は、僕は土日は必ず芋を食っているんですよ。

堀口　繊維質で体にいいからですか。

和田　何となく食べないと落ち着かないんですね。戦後は米が少なかったから、芋の料理は多かったんですよ。

堀口　いまではごちそうです。見た目も綺麗だし、女性の方は喜ばれます。このご飯は九月のお月見のとき、芋名月*で作ります。

和田　旧暦八月十五夜の月ですね。鹿児島では小さな芋を栗と一緒にお供えしますよ。

堀口　こちらは辛味噌です。よろしかったらご一緒にどうぞ。

和田　ああ、これは本当に辛いですね。

堀口　ご飯がすすむんですね。この辛さをどうにか口のなかでなぐさめようとして……。

和田　辛さを「なぐさめる」とはいい表現ですね。この味噌は自家製ですか。

堀口　手前味噌といっています（笑）。

大學流養生訓

和田　大學先生は結核のあとご病気は。

堀口　生活習慣病もなく健康でしたね。大学の先生なども引き受けず、無理をしなかったからよかったんですね。「風邪の神と死に神には見放されたよ」と言っておりました。

和田　徹夜仕事はなさらなかったんですか。

堀口　夜は九時とか十時ぐらいに寝て、朝は二時三時。遅くとも四時には起きていました。あとは、散歩と庭仕事。それが健康法だったようですね。

和田　随分規則正しい生活をしておられたみたいですね。

---

*芋名月
陰暦八月十五日の月に里芋を供えることから、この名がついた。

堀口　年を取ってから子供ができたものですから、責任を感じていたようです。妻も若いですし（笑）。

和田　長い間結核をされていたから、自制心が強かったんですね。無茶はしない。

堀口　食事も晩酌は一時間半ぐらい、ゆっくりよく噛んでいました。「ああ、よく噛んでいたな」って今でも思い出しますね。

和田　堀口大學流養生訓ですね。

堀口　あとは、穏やかでしたね。よく、どんな人だったかと聞かれるのですが、「顔施」その人のお顔を見ただけで和んでしまうような徳のある顔というのでしょうか、父の顔を見るとほっとするようなところがありました。

和田　いろいろな人に信頼され慕われていたというのは、やはりそういうところにあるんでしょうね。確か、昭和天皇のときに歌会始*で召人*をされていますね。そのときに出された歌は。

堀口　「深海魚光に遠く住むものはついに眼《まなこ》を失うとあり」。その年の題が「魚」でした。

和田　深海に住む魚には物事がよく見えないという意味でしょうか。世の中に対してかどうか、批判のような皮肉のようなものを含んだ結構強烈な歌ですね。

堀口　「それはどういう意味ですか」とどなたかに聞かれても、「うーん」と言うだけで何も申しませんでしたけど。

和田　昭和天皇の感想というのはおありになったのですか。

堀口　その秋の園遊会かなにかのときに「いい歌をありがとう」とおっしゃってくだ

＊歌会始
毎年正月に、お題にしたがって国民から募集した詠進歌を皇居で詠みあげる行事。鎌倉時代中期にその起源があるとされる。歌会始の儀。

＊召人
歌会始の儀で、特に天皇から召され、詠進歌を詠む人のこと。

さったと言って、「ありがたい。立派な方だ」って申しておりました。

和田　世の中を見据えていて、でも居丈高でなくて、家庭にあっては褒め上手。本当に、見習わなければ（笑）。

堀口　和田さんも、穏やかでいらっしゃいますよ。あまりお怒りになられたことはないんじゃないですか（笑）。

和田　さあ（笑）。ご自身は病気はされませんか。

堀口　私はこの頃しょっちゅう言っているのですが、生きてきて今が一番健康です。弱かったし、食べること生きることに貪欲ではなかったんですけれど、ようやく人らしくなってきたというか。

和田　今日は、おいしいお料理を頂戴しながら、大學先生のお人柄にも触れさせていただきました。やはり、おいしく食事をいただくことが何よりの健康法、養生訓だと教わりました。あとは、褒めること（笑）。

堀口　そうですよ（笑）。また、ぜひおいで下さい。

畳の寸法で食器は決まる

◉ゲスト 尾前喜八郎（陶芸作家）

◉聞き手 古川治次

尾前喜八郎（おのまえ・きはちろう／右）

陶芸作家。昭和13年、鹿児島生まれ。日本大学芸術学部卒業後、広告代理店に勤務。その後、生まれ育った鹿児島に戻り、昭和40年より陶芸の道に入る。現代陶芸作家20人に抜擢され、現在、日本工芸会正会員、鹿児島県美術協会会長。

2003年対談

薩摩焼のルーツ

今回登場の尾前先生、否、喜八郎は私の高校時代の同級生である。会えなかった懐かしさから、話は時に企画の意図から外れそうにもなった。しかしこうやって話を整理してみると、陶芸家・尾前喜八郎の片鱗をお届けできたのかとも思う。（古川）

古川　風景の穏やかな、いいところに窯を構えましたね。

尾前　鹿児島市内の陶房が手狭になったので、土器を拾いにたびたび足を運んで親しんでいたこの地（鹿児島県姶良《あいら》郡*蒲生《がもう》町）に登り窯*を作ったんですよ。

古川　*薩摩焼というと、豊臣秀吉が朝鮮へ出兵した文禄・慶長の役のときに、島津義弘が連れて来た朝鮮の陶工たちが開祖でしょう。

尾前　一般的には、絵付けがほどこされた「白もん」と、釉薬が真っ黒にかけられたちょっと民芸風の「黒もん」とがありますが、竪野系、龍門司系、苗代川系を代表として、五十以上もの窯が興ったんですよ。

古川　白もんというのは、華麗で装飾的な花器や茶碗でしょう。黒もんは、「黒ジョカ（薩摩焼酎の酒器）」でおなじみですね。

尾前　この近くに窯跡のある古帖《こちょう》佐焼《さやき》（竪野系）の初期の焼き物は「火《ひ》計《ばか》り」と言ってね、故郷から白陶土も釉薬も持ってきた朝鮮人の陶工が、火だけ薩摩のものを使った。

---

*蒲生町
鹿児島県のほぼ中央に位置する町。蒲生和紙など伝統文化で知られ、武家屋敷など江戸時代の面影がのこる。

*登り窯
傾斜地に、階段状に数室〜十数室の房を連続的に築いた窯。第一室の余熱をそれぞれの室で利用する。

*薩摩焼
薩摩地方（現鹿児島県）で焼かれる焼き物。高級な「白もん」と一般向けの「黒もん」の二種類がある。秀吉が朝鮮出兵した際、日本に連れてこられた朝鮮人陶工たちが発展させた。

て焼いたもので、これが白もんの流れのもとだとされています。

古川　そうそう、火だけ薩摩のものだから「火ばっかい」（鹿児島弁）が「火ばかり」になったんだな。

尾前　世界的な陶磁研究家である小山冨士夫*さんが昭和十三年頃、火計りをはじめ鹿児島の昔の窯跡を調査されているんですよ。『薩摩焼の研究』という本を著していて、それが我々のバイブルになっているんだけれども、朝鮮から陶工を呼んで四百年たって新たに分かったこともあるし、地元の学芸員たちと鹿児島の窯をもう一度検証し始めているんです。

古川　「ＳＡＴＳＵＭＡ」という名称で海外なんかへ流出しているのも、薩摩焼そのものなのかな。

尾前　いや、純粋に鹿児島で作られたものばかりではなくて、総称として使われている事が多い。

古川　偶然なんだけど以前、ニューヨークのホテルで、ロビーのショーウィンドウに根付が三十個ほど飾ってあるのを見たんですよ。へえーと思ったら、その上の棚に花瓶と皿が四点あり、ＳＡＴＳＵＭＡって書いてあるのに、またびっくり。日本だってそんなにお目にかかれるものじゃないでしょう。

尾前　ニューヨークでですか。

古川　薩摩焼の花瓶やなんかは子供のころから結構見ているけど、ＳＡＴＳＵＭＡというブランドの焼き物を海外で見たのは初めてですよ。ちょっと調べたことがあるん

＊小山冨士夫　（一九〇〇～七五年）岡山県出身の陶芸家。陶芸研究家としても知られ、『徳利と酒盃』『魚陶紀行』などの著作がある。鎌倉で窯を開いていた。

だけど、明治維新前の慶応三年（一八六七）、パリで開かれた第一回万国博覧会に薩摩藩は日本国幕府とは別に参加していて、そこに出展した朴正官*という陶工の白薩摩錦手花瓶が注目を浴びるんです。さらに明治六年（一八七三）のウィーン万国博では、十代沈壽官《ちんじゅかん》*（島津義弘が連れてきた朝鮮人陶工のひとりを祖に持つといわれる薩摩焼の陶工）の薩摩錦手花瓶が高く評価される。この二点がすごい評判を得たところからＳＡＴＳＵＭＡがチャイナのような世界的ブランドになったんだと。

尾前　そのブランドを真似て、今度は日本中が「薩摩」を作り始めたわけです。

古川　今では信じられないけど、東京ＳＡＴＳＵＭＡとか京都ＳＡＴＳＵＭＡ、鹿児島ＳＡＴＳＵＭＡなんてのもあったんですね。

尾前　白地の器を各地に送って、絵を描いて焼いて送り返してもらったものを薩摩と称した。今で言う逆輸入だね。

古川　明治の十五年あたりが最盛期なんだけれども、三十年頃に粗製濫造が過ぎてにわかに衰頽してしまう。

尾前　沈壽官も東京に支社を出していたけれど、たたんでしまう。

古川　樋口一葉*の『うもれ木』という明治二十五年の作品に、全国的な「薩摩」ブームの盛衰が描かれているんですよ。すぐ上のお兄さんが東京薩摩の絵描きだったらしいんだけど、「……斯道の衰頽、あはれ薩摩といへば鰹節さへ幅のきく世に、さりとは地に落ちたり我が錦襴陶器」と、要するにだんだん値が下がっていると書いている。しかも彼女は、「此儘ならば今十年と指をらぬ間に、今戸焼（安い素焼き）の隣りに坐

---

*朴正官
薩摩焼の色絵陶器を始めたとされる陶工。

*沈壽官
沈壽官の名は受け継がれ、第一四代沈壽官は司馬遼太郎の小説『故郷忘じがたく候』の主人公のモデルにもなった。

*樋口一葉
（一八七二〜九六年）小説家、歌人。二四歳で肺結核のため死去。代表作『たけくらべ』『にごりえ』『十三夜』などの名作で知られる。

をしめて、荒もの屋の店先に、砂まみれに成らんも知れた物でなし」、つまり価値がなくなるんじゃないかと推察している。

尾前 見事に当てているね。

古川 歴史の表には出ないけれども、こういう事が時代の襞のなかには埋まっているんですよ。

尾前 面白いね。薩摩焼の歴史がそんなところにも残っているなんて。

「何かを作りたい」

古川 尾前君の作品は実に自由で、彩色の技法といい新しいものだと感じるけど、この辺の土を使っているんですか。

尾前 最初は使っていたけど、鉄分が強くてぽこぽこと穴が空いたりしたものだからやめて、今はいろいろと混ぜて使ってるんです。

古川 作風が幅広いけど、師匠は。

尾前 特に弟子入りとかはしていない。ただ元東京藝術大学学長の藤本能道《よしみち》*さんからは、絵が描けないと駄目だ、スケッチをしなさいと言われて、以来、スケッチを心がけてきました。

古川 もともと絵の方じゃなかったっけ。

尾前 大学で専攻していたのはグラフィックデザイン。だから、絵からの方が入りや

---

*藤本能道(一九一九〜九二年)陶芸家。富本憲吉らに師事。色絵磁器で人間国宝に。

すかったということはある。

古川 東京で何年か働いていたよね。

尾前 五年間、広告代理店でデザインをやってた。

古川 帰ってきて一から始めたわけか。実家は確か鹿児島市内の陶器商。

尾前 父の頃は陶工を十人以上抱えていて、それこそ絵付け師なんかもいたんだけど、僕にはやっぱり「何かを作りたい」という気持ちがあったんですね。弥生時代の土器を訪ねて鹿児島中を歩いたことも、作陶に大きな影響を与えたと思いますよ。

古川 師につかなかったんじゃ、独学だね。

尾前 轆轤《ろくろ》を買ってきていきなり始めて。失敗というか、試行錯誤の連続でしたよ。

古川 でも、その土や土器を追求する姿勢が、変に歴史や伝統に縛られない自由な作風を生んだのではないかという気がするよね。

尾前 がむしゃらというか、ひたむきだった。

古川 今、鹿児島には、あなたみたいに窯を構えてやっている人は何人ぐらいいるのかな。

尾前 登り窯を持ってやっている人はまずいない。龍門司窯と沈壽官窯さんのところと、あと一人ぐらいかな。窯を持っていてもそうそう焼けないしね。

古川 窯焚きはひとりでやるの。

尾前 いやいや、ひとりじゃとても。加勢に来てもらっています。僕の窯で三十四時間ぐらいかかるからね。

古川　温度管理というか、加減が難しいでしょう。

尾前　今は温度計を差し込むからそうでもないんですよ。だからだんだん、自分の眼がだめになっちゃう（笑）。温度計に頼るから眼で温度が見えなくなる。

古川　そうか。

尾前　昔の人は眼で見て、「今は何度ぐらいだ」って判断したんですけどね。

古川　溶鉱炉の火加減もそうだっていいますよ。今は何でも殆ど機械器具任せになっているけど、熟練工が見ると出来が違うって言いますよ。最後はやっぱり人の勘みたいなものが頼りになるんじゃないのかな。

尾前　その通り。

古川　それにしても、冬場は大変だね。

尾前　そうですね。でも、土が凍ると面白いですよ。冷蔵庫ぐらい温度が下がったところに太陽があたると罅《ひび》が入るんですよ。逆にそれを利用する作家もいてね。なかなか面白いものを作ります。

古川　自然の、巧まざる技だよね。

尾前　そうなんです。偶然やって見つけたことを次の世代へ持っていくことが、こういう世界では大事なんですよね。野焼きされた焼き物にところどころ温度が上がって灰が溶けて釉が流れているのを見つけたのが釉薬になったんです。その見つけるという眼を鍛えられるかということですよね。よく、「失敗すると窯から出して割るんですか」とインタビューされるけど（笑）、あれはやっぱり割った断面に失敗のヒントが隠されているんですよね。なぜそうなったのか、割って確かめるんですよ。

古川 ああ、それは理にかなっている。だって、意図しないことが出てくるわけだからね。

尾前 人間の技だけではなくて、火の技もかけるわけだから、どうしようもないところというのがありますよね。

古川 何でもそうなんですよね。怪我の功名ということもあるけど、それよりも失敗から学ぶことの方がビジネスの世界でも多いんですよ。

尾前 そういうことです。有名な木の葉天目*なんていうのはまさにそうですよ。偶然窯のなかに葉が入ってしまったわけだから。今は分析が進んでいるので、同じ物を作ろうと思ったら傷さえも復元できるのだと思います。

古川 でも、そこが機械によって計算されたものと、人間の手がそうしたものと、違いは明確に出るんじゃないかね。

尾前 昔の方が「陶器」を作っているという実感があったかもしれません。

食の器

古川 白薩摩と言っても、実用的な食器も多く手がけていますね。

尾前 蒲生に来て、オブジェというより花器や食器が多くなりましたね。土の味を生かすというか、薩摩料理にあう器を作りたかったんです。

*木の葉天目
天目釉を施した皿の上に木の葉を置いて焼成し、木の葉模様を浮かび上がらせたもののこと。

古川　作品にほどこされる釉彩画の手法は、薩摩焼の伝統的な手法である錦手《にしきで》*なんかとは違うんですよね。

尾前　錦手というのは金で描くパターンなんですけど、下に絵の具で白盛りというのをしてその上から金を乗せていくんです。それから、本金手というのがあって、これは膠《にかわ》を混ぜて絵の具に定着させる。金襴手というのはそのことです。僕の場合は、素焼きした生地に釉薬をかけて、その上から直接絵付けをするんですが、白薩摩の表現をもっと広げたいという気持ちがあったんです。

古川　なるほど。伝統的な二つの手法は、いずれにしろかなり装飾性が高い優美なものですね。自分ではそちらはあまり好きじゃないというか、進むべき道じゃないと思ったんですか。

尾前　白というのは難しいんですよ。僕は若かったもんだから、もっと自由奔放なものを作りたかったというのもある。それと、先にも話したけど食器としてなかなか使えないんです。

古川　黒薩摩の方はどうなんですか。

尾前　黒もんは土の鉄分が強いんですよね。だからどんな風に焼いても黒くなる。黒ジョカなどは民芸*的ですし。

古川　民芸というのは芸術の人からみると少し違うイメージで語られるような気が僕なんかにはするんだけど、やっぱりそうですかね。

尾前　地の土と釉であまり轆轤も使わずに、というのが民芸で、素朴なよさというの

＊錦手
赤や青、緑、黄などで上絵をつけた陶磁器。色絵などと同じような意味で、主に伊万里に用いる呼び方。

＊民芸
民衆の生活のなかから生まれた郷土色の強い実用的工芸。民衆的工芸。

はもちろんありますよ。

古川 民芸と言えば「用の美」が原点でしょう。生活雑器は使い勝手のよさが一番大切で、見る人みんなが使いたいと思い、手にしたら使いやすかった、そういう道具は機能的だということですよね。機能美と人間性の追求が、民芸じゃないかと思うんだけど。

尾前 やはり、民芸のあり方が一番綺麗だと思いますよ。作家のぎらぎらしたのが入っていなくて、職人さんの手仕事が生きている。

古川 僕なんかはやっぱり用の美の方に親しみを感じるかな。

尾前 学生食堂に行ったときに、料理はおいしいんだろうけど器がふわっと軽すぎて、つまらないなあと思ったことがあるんです。重さって結構大事なんですよ。

古川 手に載る食器の感覚というのはあるよね。僕らはもっぱら使う方の立場なんだけど、やっぱり飾ってあるものを見て、持ってみたいなという誘惑がありますね。

尾前 器というものは、触ってみないと分からないですよ。

古川 湯呑みなんかはやはり手に持った手触りもそうだけど、口に持って来たときの飲むところの感じがとても大事ですね。

尾前 そうですね。口触りというのは大事です。それと使い勝手。だから、同じ食器を毎日使っている人は結構多いと思います。

古川 茶器というのはまた食器とは違いますよね。

尾前 千利休*は、「畳の寸法で食器の形が決まる」と言いました。

*千利休 (一五二二~九一年)安土桃山時代の茶人。侘茶を大成した。千家の開祖。豊臣秀吉の命で自刃。

古川　それはどういう意味ですか。

尾前　昔は畳の寸法が決まっていて、茶席というのはそれに合わせてすべてが収まるように運ばれていた。膳は一尺で、その中に全部が入っている。つまり、畳の寸法が生活の寸法を決め、食器の寸法を決めていたんです。掌の寸法が食器の基本だったとも解釈できます。

古川　畳の寸法で生活が決まると。

尾前　正月の器とか、茶器とか、日本のしつらえというのはそういうものなんですよ。生活と季節にいかに合わせるかということ。それと、外からいらっしゃる客人へのもてなしですよね。日本の食文化というのは人への気遣いというか、いらっしゃることに対して気を配ることなんです。

古川　さっきお手水を使わせて貰ったとき気がついたんだけど、お手製の今月の暦が懸かってましたね。とても感激したよ。

尾前　会うということを大事にしたいと思っているんです。会えば気を張ることはない間柄なんだけど、会うということはやはり、一期一会でしょう。

古川　今日は心尽くしの手料理と大好きな焼酎を、あなたの作った器で頂戴したうえに、お手前まで振る舞っていただき、至福だったなー。

尾前　それが、食事の原点ですから。

「だれやめ」の酒
焼酎談義あれこれ

◉ゲスト　鮫島吉廣（薩摩酒造常務取締役）

◉聞き手　和田龍幸

鮫島吉廣（さめしま・よしひろ／左）

薩摩酒造常務取締役。昭和22年、鹿児島県加世田市（現在の南さつま市）生まれ。京都大学農学部食品工学科卒。昭和51年薩摩酒造入社。本格焼酎の成立過程に関する研究で日本醸造協会技術賞、圧力可変式3段階蒸留法で発明協会九州支部賞受賞。著書に『焼酎呑んのよもやま話・ダレヤメの肴』など。

2005年対談

個性的な酒がいまや全国区で嗜まれていると思うと感無量だが、その間、原材料の産地やメーカーのたゆまぬ努力があったことを忘れてはいけない。流行に踊らされず、地元にしっかり根付いた産業を支えていくというプロの誇りと気構え、それから酒造りは文化を創るということを、尽きない焼酎談義を経てあらためて実感した。さて、今夜も一献——。（和田）

第三次焼酎ブーム

和田　焼酎*がちょっと流行になっていますね。確か十年ぐらい前にも、焼酎がもてはやされませんでしたか。

鮫島　焼酎ブームは何度か起きています。一番最初は、いわゆる、焼酎が六割でお湯が四割の「ロクヨン（六対四）」という言葉と一緒に流行しました。それから昭和五十年代の半ばから六十年ぐらいにかけて、大分の麦焼酎や宮崎の蕎麦焼酎など、いろいろな産地の焼酎が全国デビューして第二次焼酎ブーム。そのあと少しあいだがあいて、業界では今、第三次ブームと呼んでいます。

和田　「ブーム」と言ってしまうと一過性で、いつかはしぼんでなくなるような印象があって寂しいので、みなさんの焼酎に対する理解が進んで本格的に普及してきたのだと言っておきますが（笑）。

鮫島　今、健康ブームで緑茶などがよく飲まれています。健康や安心感、つくり手の

＊焼酎
酒類のうちの蒸留酒の一種。一六世紀にはつくられ始めたと考えられている。南九州を中心に醸造が盛んで、米、麦、芋、黒糖、そば等、さまざまな種類がある。

顔が見えるといったことを消費者が求めつつありますが、それが焼酎にもうまくあてはまったのではないでしょうか。

和田　なるほど。焼酎は確かに悪酔いしないとか、血栓*を溶かすといった血液浄化作用などもうたわれて、酒類のなかでは健康イメージが強いですね。

鮫島　あとは、癒しの効果。

和田　そうそう、鹿児島には「だれやめ（だいやめ）」という言葉がありますね。

鮫島　はい。晩酌のことをそう呼ぶのですが、直訳すると「だれ」は「疲れ」とか「気怠さ」、「だれやめ」で「疲れを癒す」という意味なんです。焼酎というのは昔から生活の中になくてはならない酒として愛飲されてきたんですけど、それが今の時代に合って若い人たちにも好まれるようになったんじゃないでしょうか。

和田　若い人の間では、チューハイ*が人気ですね。

鮫島　カクテルでも飲めるようなものなどいろいろな種類が出てきて、焼酎の裾野が広がった。そういう意味では頼もしいのですが……。

和田　まだみんな、本当の焼酎を分かっていないと。

鮫島　正直、そんな実感は抱きます。今まであまり目が向かなかった伝統的なものの良さが再認識されたりもしてきているわけですが、やはりまだまだ知られていないことはありますね。

---

*血栓
血管のなかにできた血のかたまり。

*チューハイ
「焼酎ハイボール」の略。炭酸水で割った焼酎のこと。

人間の知恵が生んだ酒

和田　薩摩酒造さんではどんな焼酎を出されていますか。

鮫島　芋焼酎では「さつま白波」がメインで、あとは「さつま白波黒麹仕込み」、最近では海からとった酵母でつくった「我は海の子」というのもあります。麦焼酎では「神の河《かんこ》」、米焼酎では「白鯨」などですね。

和田　一般的な日本酒の瓶ラベルがかなり重厚なのに比べて、「さつま白波」なんか、とても明るい感じですよね。

鮫島　名前もそうだと思うのですが、日本酒業界の厳かさに比べて、焼酎の世界にはどちらかというと明るさとか親しみやすさがあると思います。造り酒屋に行くと神棚があって、柏手を打ってから蔵の中に入るというような雰囲気がありますよね。お米というものは、やはり神様に祀るものという感じがしますけど、焼酎、つまり蒸留酒*というのは神様から見放されたところで生まれているところがあります（笑）。とにかく何とかして飲みたい、という人間の知恵から生まれた酒ですから。

和田　なるほど。飲み方にしても「こうじゃなきゃいかん」というのは決してないし、おおらかな酒ではありますよね。

鮫島　業界内でも、面白いつくり方が出てくると、「あれは焼酎じゃないよ」という非難より、「あそこはうまくやったなあ」「やられた」という許容の体質があるような気がしますね。だから、小さいメーカーが非常に元気です。チャレンジ精神がとても

＊蒸留酒
焼酎はじめウイスキー、ブランデー、ウォッカなど醸造酒や醸造かすなどをさらに蒸留してつくった酒。

盛んで。

和田 それはいいことですね。商品を安定させて利益を確保するまでは大変でしょうけど。そもそも、焼酎というのはどうやってつくるんですか。

鮫島 まず焼酎は、原料と蒸留法の違いによって二種類に分けられます。

和田 いわゆる、甲類と乙類ですね。

鮫島 はい。簡単に説明しますと、アルコールを含む原料を糖化、発酵させてもろみ*とし、連続式蒸留機という機械を使って蒸留を繰り返して抽出されたものが甲類。これはいわば、高純度、ピュアなアルコールです。

和田 原料は何ですか。

鮫島 何でもいいんです。昔日本では切り干し甘藷を使ったりしていました。現在多いのは、糖蜜やトウモロコシです。一方、昔からあった伝統的な焼酎がいわゆる乙類。これは、穀類や芋類のもろみや酒粕を、単純構造の蒸留機で一回ごとに蒸留したものです。甲乙というと学校の成績みたいだということで、乙類の方は本格焼酎と呼ぶようになりました。

和田 そうすると、かつて「焼酎」と呼んでいたものは、今の乙類焼酎のことだということですね。

鮫島 そうです。もともと日本で焼酎といったら、現在の乙類焼酎しかなかったんです。ところが、明治の終わりにドイツから連続式蒸留機という新しい蒸留機が導入されました。そこで抽出されたアルコールが燃料になったり、いろいろなお酒の隠し味

---

*もろみ
酒や醤油をつくる際、醸造した液体の中に、原料が発酵してできたものをいう。日本酒のもろみから酒を絞り出して残ったものが酒粕。

になる原料アルコールになったりしました。

和田　日本酒に入っている醸造アルコールなんかもそうですか。

鮫島　そうです。清酒*も純米酒以外は醸造アルコールというのが入っています。原料アルコールというのは、清酒の場合は醸造アルコール、ウイスキーはグレンスピリッツと呼んでいますけれども、それを三十六度未満に水で薄めたら「甲類焼酎」と名前が変わるんです。

和田　焼酎にも「黒糖焼酎」「胡麻焼酎」などいろいろなものが出ていますけど、あれは単純に原材料が違うということですか。例えば、胡麻だけであんなに大量にできるものでしょうか。

鮫島　他にもありますよ。人参焼酎、南瓜焼酎、サフラン焼酎、お茶焼酎……。お察しの通り、そのものを原料としては作れません。ではどうやるかというと、例えば麦焼酎を作って発酵させているときに、お茶や人参などを入れて蒸留させるわけです。そうすると、風味を若干持ったものができてくるわけです。そういうのを冠表示と呼んでいますけれども。

和田　表示にも気を遣いますね。

鮫島　もちろんです。ただし、その原料が一番多い場合は書く必要はありませんが、例えば「珈琲三パーセント使用」と書けば、「珈琲焼酎」と呼ぶことができるわけです。

＊清酒
酒税法で定められた日本酒の正式名称。米と米麹、水からつくられた日本独特の酒のこと。

甕とタンク

和田　雑誌かなにかで焼酎製造の写真を見たのですが、甕壺と大きなドラム缶みたいなタンクと二種類ありますよね。あれは出来上がりで味が違うんですか。

鮫島　甕だからこう、タンクだからこう、というのはないです。ただ、甕壺だと地下に埋め込んでありますので、温度管理などが難しいというか、なかなか自分が思うようにつくれないですね。

和田　昔はもちろん全部甕でしょう。

鮫島　はい。一度タンクに移行して、今また甕が復活してきている状況ですね。

和田　甕壺の方は一所懸命かきまぜたりして、すごく手間がかかりそうですね。

鮫島　決して生産性がいいとは言えないです。効率も歩留まりも悪いし、人手がかかる。まあ、そんなことでタンクが増えていったんですけど、今は逆に手作りのよさが見直されてきて、かえって付加価値を持って売れるようになりました。

和田　それだけやはり、焼酎への関心が高まっているんですね。

鮫島　求められる味や品質も厳しくなっていますから、こちらもいろいろと工夫していかないといけません。

和田　それにしても、同じ味を作り続けるというのは難しいでしょう。

鮫島　さつま芋*というのは、早くても八月のお盆過ぎ、普通は九月ぐらいから十一月ぐらいまでが収穫の最盛期ですから、せいぜい長くても百日ぐらいのあいだに一年分

＊さつま芋
ヒルガオ科の蔓性の多年草で、地中で大きくなる。食用にするとともにアルコールやデンプンの材料にする。夏、朝顔に似た花が咲く。原産地は熱帯アメリカ。日本には一七世紀に伝えられた。

のものを作るんです。しかし、出来立てのものと一年おいたものとではやはり味が違ってきます。それらを調合しながら同じ味を出していくというのが、気を遣うというか、面白いところです。

和田　焼酎で古酒というのはあまり聞かないように思いますが、やはり新しいうちに飲んだ方がうまいのですか。

鮫島　技術が進みましたから、今は古酒もつくれるようになって、十年物なんかも出しています。しかし、焼酎の場合はやはり出来立てが旨いと思いますね。旨味の成分というのは出来立ての新酒に多く含まれるんですよ。たとえば、昔の焼酎は今よりも濁っていませんでしたか。

和田　そうですね、白く濁っていました。

鮫島　あれは、旨味の成分がそれだけ入っていたということなんです。今では、寝かせたものは寝かせたなりの熟成した味の良さというのが出せるようになりましたし、新酒には新酒の味わいがあるので、飲み分けてもらうのがいいと思います。ただ、焼酎は日光に弱くて陽にあたると味が変わるので、日光に当てないようにして飲んでいただくのが一番です。

和田　さきほど「黒麹仕込み*」とおっしゃいましたけど、最近「黒麹」という言葉もよく聞きます。

鮫島　現在の焼酎造りの製法は、明治時代の末頃に完成したんです。沖縄の泡盛*に使われていた黒麹菌が鹿児島に入ってきて、九州の焼酎づくりに適した黒麹を取り出し

＊麹
米や麦、大豆などを蒸して寝かせ、コウジカビを繁殖させたもので、酒やしょう油づくりなどに用いる。

＊泡盛
沖縄の特産焼酎。原料は粟や米。蒸留器から滴る成分が泡状になって盛り上がる。アルコール分が強い。

て種麹化しました。暑さに強い菌だったからよかったんですね。

和田　白麹というのもありますね。

鮫島　黒麹は名前の通り黒い胞子が霧のように舞って、鼻の穴から何から黒くなるというので嫌がられました。ところがあるとき黒くない菌が見つかって、それを分離して培養に成功したのが白麹菌、つまり河内《かわち》菌と呼ばれるものです。黒い胞子も飛ばない、作業性もいいということで、鹿児島の場合は急速にそちらの方に変わっていきました。

和田　白麹は黒麹の変異種ですね。

鮫島　そうです。最近は黒麹の本格性、伝統性みたいなものが評価されてきたことと、設備もよくなって作業性が上がりましたから、白黒の麹、それぞれの特性を生かしてつくり分けています。特に、いわゆる芋焼酎らしい香りというのは、黒麹の方がよく出ると言われています。

和田　食べ物というのは夢を食べる部分がありますから、まったく同じ味でも甕でつくった方がうまいと人間感じるものですよね。黒麹にもそんなイメージがあるのかもしれません。

鮫島　それは非常に大事なことだと考えています。どんなお酒を飲みたいかという要求に合わせて、つくる方もうまく原料や方法を使い分けていくことが肝心なんです。だから、明治時代や江戸時代の焼酎といった昔ながらの焼酎も復元して作っていますし、芋の品種ごとにいろいろと作ってみたりしているわけです。

地域に根ざした酒づくり

和田　酒には、食事をしながら飲む酒＝食中酒と、酔っぱらうために飲む酒＝致酔酒とがありますね。私なんか、焼酎は食中酒だと思っているんですけど、焼酎に合う料理というのは何でしょうか。鮫島さんは『ダレヤメの肴』という本もお書きになっていますけれども。

鮫島　焼酎の場合、本当に何にでも合うんですよ。強いて言うなら、自然のものでしょうか。お刺身であったり、ニガウリみたいな野菜であったり、あまり味付けしていないものですね。

和田　自然の食材ということですね。

鮫島　自然に近いものが合う、逆にそういうものの味を損なわないのが焼酎の良さだと思います。もちろん、薩摩揚げのように油で揚げたものも合いますし、ラーメン屋でも焼酎を飲んでいますね。おでんなどもよく合います。

和田　飲む場面を選ばない。

鮫島　一次会の酒か二次会の酒かというふうに考えても分かりやすいですね。

和田　なるほど。

鮫島　例えば、ビールやワインは一次会の酒ですが、西洋の蒸留酒はほとんど二次会の酒です。面白いことに、アジアの蒸留酒はたいてい一次会の酒で、焼酎もそうだと思いますよ。

和田　今では、家庭で焼酎を飲むということも一般的になってきていますね。

鮫島　焼酎は生活の酒、大衆の酒じゃないかという考え方は鹿児島で特に強いですね。

和田　鹿児島は今でもロクヨンですか。

鮫島　鹿児島で今一般的なのは、半々ぐらいのゴウゴウ（五対五）ですね。ロクヨンは若干強すぎるように感じられるようで、ゴウゴウから逆にヨンロク（四対六）くらいかもしれません。

和田　芋が足りなくて輸入することもあるのですか。

鮫島　お酒の場合に一番大事なのは風土性です。また、さつま芋は外国から持ってこられないんです。

和田　防疫上の理由ですか。

鮫島　そうです。病害虫が一匹でもいると、芋を囓って苦くしてしまいます。あと、鹿児島の芋焼酎の文化というのは鹿児島の土地柄、シラス台地*で台風がしょっちゅう来て、米はうまく栽培できないけれども雑穀や薩摩芋はとれるということに支えられているんです。米がとれたら清酒文化も花開いたと思いますけど、結局今も清酒をつくる酒屋は一軒もない。逆に、さつま芋があったからみんなでいろんな知恵を出し合って、薩摩芋の焼酎をつくってきたわけで、経済的に言うと地域循環型の産業構造なんです。

和田　そういうことになりますよね。

鮫島　これは、今の国際社会の中で一番強い経済構造じゃないかなと私は思うんです。

*シラス台地
鹿児島の地形の特徴ともいえる、火山噴出物が堆積してできた台地のこと。酸性の強い土壌であるシラスを利用して、さつま芋などが栽培されている。

そこで、肝心の材料が外国産ということになってくると、その大循環を断ち切ることにもなりかねないわけです。

和田　確かにそうですね。

鮫島　特に芋焼酎に使うさつま芋は、どこの畑でどういうつくり方をされているかが大事ですし、すぐに持ってきて蒸してしまわなければならない、これが大前提なんです。掘りとって、その日のうちに工場に持ってこないとだめなんです。

和田　そんなにデリケートなんですか。

鮫島　カンカン照りの陽にさらされていると、すぐだめになってしまう。だから、焼酎工場というのはみんな芋畑のすぐ近くにありますよ。鮮度が非常に大事ですし、貯蔵管理にも気を配らないといけない。やっかいな原料なんですね。

和田　でも、産地と工場が近いというのは、消費者にとっても安心ですよね。

鮫島　あそこの畑では何月何日にこれだけ獲る、というように必要数量ずつ収穫することで、今の芋焼酎の品質を保っているわけです。我々は地元にこだわるべきだと考えています。

和田　酒は風土、ですね。

鮫島　まあ、焼酎に関しては、難しいことは考えずに楽しく飲んでいただきたいですね（笑）。

和田　確かに、焼酎は飲めば飲むほど楽しい酒です（笑）。それに、何と言っても「だれやめ」の酒ですから。

日本古今食事情
戦国時代に学べること

◉ゲスト　早乙女　貢（作家）

◉聞き手　古川洽次

早乙女 貢（さおとめ・みつぐ／右）

作家。大正15年、中国ハルビン生まれ。「小説会議」連載『僑人の檻』で第60回直木賞。『会津士魂』全13巻で第23回吉川英治文学賞。他に『おけい』『沖田総司』『志士の肖像』など400余冊。文芸家協会・ペンクラブ理事、鎌倉ペンクラブ会長。

2004年対談

文士の舌

古川　早乙女先生は日本ペンクラブのお仕事などをされていて、海外へよくいらっしゃるそうですね。

早乙女　なんだかんだで外国へ行く用事が二十年ぐらい前から増えまして、もう五、六十回にはなりますか。

古川　外国へ行って、食事はどうですか。

早乙女　僕はだいたい日本にいてもそんなにうるさい方ではないですから（笑）。

古川　そうすると、その国、その土地のものをおいしく召し上がるんですね。

早乙女　一番おいしいものをわざわざ探し出して、というほどではありません。グルメで知られた作家の池波正太郎*さんなんかは、ちゃんとターゲットを最初から定めて、うまく段取りをつけて行ったようですけど。

仕事柄海外へよく出掛ける。機中やホテルで歴史小説を読めるのも楽しみのひとつだ。曾祖父で幕臣だった古川甚之助は京都見廻組の隊士として鳥羽伏見の戦いに参戦した。母方の曾祖父には西南の役で西郷隆盛に従った田代栄輔がいる。そんな血が歴史への興味を駆りたてる。一族の話をいずれ纏めたいと思っている折から、曾祖父が陸奥会津藩に仕えるなど会津にご縁の深い早乙女さんとの対談はありがたかった。（古川）

＊池波正太郎（一九二三〜九〇年）昭和期の歴史小説家・劇作家。『錯乱』で直木賞。「鬼平犯科帳」「剣客商売」など人気シリーズを生み出した。

古川　物書きの方はよく食べ物の話を書きますが、文士の舌というのは信用できるのでしょうか（笑）。

早乙女　僕はあまり食べ物の話は書かないんです。三十年ほど前、五木寛之*さんと北海道まで講演に行ったことがあるんです。三人組で、もう一人が映画評論家の荻昌弘*さん。聞きしに勝るグルメでしたね。留萌《るもい》*という、日本海に面した港町でした。朝、暗いうちから彼が部屋の戸を叩いて、「これからとれたてのウニを港に食いに行きませんか」と誘うんですよ。こちらは夜中まで原稿を書いていたのに、とてもウニだけのために起きて行けないよということで、勝手に行ってもらったんだけど（笑）。

古川　荻昌弘さんには食べ物についての著作は多いような記憶がありますね。

早乙女　立原正秋*さんとか、映画監督の山本嘉次郎*さんなんかも書いていましたね。特に、戦後すぐというと山本、荻ですよ。ほかの連中は食えればいいというくらいの時代でしたから、まだまだ余裕がなかったんですな。あとは、内田百閒*さん。

古川　やはり、食べ物について一家言持つというのは、当時では特殊なことだったんですね。

早乙女　贅沢言えるようになったのは、昭和三十年代の半ばあたりからですね。なかなか味についてまで言える人は少なかったんではないでしょうか。

＊五木寛之
（一九三二〜）小説家。福岡県八女市生まれ。生後間もなく朝鮮半島に渡り、終戦後、日本に引き揚げる。『蒼ざめた馬を見よ』で直木賞。『青春の門・筑豊編』で吉川英治文学賞受賞。

＊荻昌弘
（一九二五〜八八年）映画評論家。東京都出身。テレビ番組「月曜ロードショー」の解説者を長年務める。著書に『映画百年史』『男のだいどころ』など。

＊留萌
北海道北部、日本海に面した都市。アイヌ語の「ルルモッペ」（潮が奥深く入る川）が語源とされる。炭鉱とニシン漁で一時隆盛を極めた。

戦を分けた「食」

古川　戦国時代を舞台にした作品をたくさんお書きになっていらっしゃいますけど、私が興味深いのは、当時戦争をどうロジスティクスが支えていたんだろうということなんですよね。私は会社で四十年余、管理部門にたずさわってきましたから、例えば十万人が戦闘員だとしたら、どのくらいの人間が戦闘をバックアップしていたのだろうとまず思うわけです。食糧や武器の調達、補給、あるいは寝るところをどうやって準備したかなど、そういうことに非常に興味がある。小説としてはなかなか話になりにくい部分かもしれませんが、文献にはそういった辺りの記述は残っているんですか。

早乙女　そうですね、古文書などに散らばって書かれてはいるんですが、それだけを記したものはないようですね。

古川　当時の戦争の携行食というのはどんなものだったのでしょうか。

早乙女　あれはだいたい、現地調達が基本なんですよ。だから、農民たちはたまらないわけです。握り飯なんていうのは、おそらくそこからきたものだと思いますけど、とにかくその土地に行って、それが自分の領地であれ敵の領地であれ、強制的に作らせるということですからね。

古川　あるいは分捕ってしまうということでしょうか。

早乙女　そうですね。もちろん持っていくということもありますけれども、やはり現地でかき集めるということが多かったようですね。現在だととてもそんなことは出来

＊立原正秋
（一九二六〜八〇年）昭和後期の小説家。朝鮮半島慶尚北道の出身。『薪能』『剣ヶ崎』で芥川賞の候補になった後、『白い罌粟《けし》』で直木賞を受賞。

＊山本嘉次郎
（一九〇二〜七四年）昭和の映画監督。代表作に『エノケンのちゃっきり金太』『藤十郎の恋』『綴方教室』など。

＊内田百閒
（一八八九〜一九七一年）小説家。夏目漱石の門下。代表作として鉄道紀行の『特別阿房列車』『ノラや』など。

ませんけれども、当時、武将といったら大変な権力ですからその命令に農民は抗えない。そもそも、日本というのは食を携行することについての研究があまりなされてこなかったんですね。

古川　せいぜい梅干しとか、＊干し飯《いい》とか、その程度でしょうか。

早乙女　干し飯なんて、話のネタに口にしたことがありますが固くてとても普通に食べられるものじゃないですよ（笑）。＊武田信玄の騎馬軍団が携行していた干し鮑《あわび》は、上等な携行食として知られていますけれどもね。

古川　鮑は戦闘食としてはかなり上等ですね。まあ、栄養価が高いということなんでしょうけれども。以前、作家の永井路子さんが鎌倉時代の携行食を再現されたものを試食したという記事を雑誌で読んだことがありますが、味噌と鮑と柚餅子《ゆべし》のようなものがありましたね。

早乙女　籠城に備えて壁のなかにスルメなんかを塗り込めて、いざというときに取り出したなんて話もありますね。

古川　戦国時代などで、食事が勝ち負けを決めた戦なんていうのはあったんでしょうか。補給ができなかったとか、そういうものを含めて。

早乙女　それはもう、数え切れないほどあります。一番有名なのは、秀吉の鳥取城攻めと和歌山の雑賀《さいか》一揆ですかね。秀吉は二万の兵で鳥取城を兵糧攻めにしたんですよ。

古川　雑賀というのは確か根来なんかと同じ寺院勢力で、僧侶が門徒の豪農たちと組んで戦国大名に対抗していたんですよね。

＊干し飯
蒸して乾燥させた保存用の飯で、水や湯にひたしてから食べる。

＊武田信玄
（一五二一～七三年）戦国時代の武将。甲斐（今の山梨県）の守護大名。上杉謙信と川中島で合戦を繰り広げた。軍旗に記した孫子の句「疾如風、徐如林、侵掠如火、不動如山」（風林火山）は有名。領国経営にも尽した。

早乙女　この二つが、籠城戦としてはもっともひどい形になった戦ですね。囲まれて、救いが来なくて食糧が尽きて……。

古川　助けが来ないのは悲惨ですね。

早乙女　そうなんです。籠城というのは、助けが来るというあてがなければ成り立たないんですよ。

古川　幕末の会津藩の籠城*も悲惨だったようですね。

早乙女　あれは、鳥取や和歌山と違って、自分たちでもそこまで長引くと思わなかったんですね。あらかじめ、敵が来たら城内に入るように触れが出ていて、それで戦になるというので城下の人たちがみんな城内に入ってきたんですよ。だから、城内は人でふくれあがっていたんです。当然、食べ物が足りなくなる。そこへもってきて攻められるわけですから。

古川　ひとたまりもないですね。

早乙女　怪我人や病人もどんどん運び込まれるし、どうにもならなかったんですね。結局一カ月たたずに白旗を掲げた。

古川　なるほど。

早乙女　会津の場合、保存食は昔からある代表的な、身欠き鰊《にしん》の山椒漬けといいまして、これはなかなかおいしいんですよ。

古川　鰊を山椒に漬けるんですか。

早乙女　もともと会津は山椒が豊富にとれる地ではあるんです。たっぷり入れないと

---

*会津藩の籠城　戊辰戦争中の一八六八年、新政府軍との戦いでの会津藩士らの籠城。一カ月ほどで降服、開城した。

味が浸みないですしね。これは今でもおいしくいただいていますけど、籠城のときに戦闘食としてどれだけ役立ったのか定かではありません。

兵站の役割

古川　幕末の商人は兵站《へいたん》、つまり、軍の後方で武器や食糧の調達をしたり、軍需品の補給、修理などにつとめることで大きな利益をあげていった。のちに財閥といわれた多くの商人の原形はこの時代にあります。それだけの働きがあったのですか。

早乙女　いってみれば商人というのは、そのためにいたようなものですよね。

古川　兵站がいなければ戦いは成り立たなかったと。

早乙女　御用金を命じられたら、まず商人は断れない。権力者からお金が戻ってくるかどうかは定かでない。だいたい幕末のお金というのは返ってこなかったんではないかな。

古川　それでもなお、生き残ったものが、今の日本経済の原点を作ったわけですよね。兵站の役割の中で、近代に入っても、食糧調達というのはあまり重要視していなかったんでしょうか。

早乙女　食べ物は現地調達という、戦国時代からの慣行がありましたからね。

古川　戦国時代には、駆り出されたにわか兵士や褒美目当ての手弁当組もいたでしょうから、実際の戦闘は三日ぐらいで終わりというようなことだったのでしょうかね。

早乙女　私たちが一番驚いたのは、アメリカ軍の携行食ですよ。戦後、闇市でも売られていましたけれど、よくできていましたね。こういう弁当箱みたいな中に、何から何まできちんと入っているでしょう。缶詰から、チューインガム、タバコまで。砂糖の小さな袋まで入っていましたね。一番うまかったのは、肉を上手に加工した缶詰、コンビーフみたいなやつですね。

古川　コンビーフは今でも懐かしいだけでなく、なかなかの味ですよ。戦時用のものなのにねえ。

早乙女　あともう一つ、われわれが非常に驚いたのが、缶詰切りですよ。あれには本当にびっくりしましたね。とても小さいのに性能がいい。あのころ日本人はもの凄く大きな缶詰切りを使っていたんですが、あれは使いづらくてね。うっかりすると手を切ってしまいますし。缶詰を開けるというのは大変な作業でしたよね。

古川　そうでした。最後まで気が抜けないし。力の加減が難しいんですよね。

早乙女　あれから考えると、アメリカ軍の缶詰切りは実に合理的によくできていたと思いますね。

古川　兵隊の戦意を高めるには、食事の不満があってはいけないんですよね。食糧と、あと衛生。労働でもそうですけど、この二つに不満がないと、人というのは気持ちよく動いてくれるんですよね。

早乙女　日本の兵隊は、食事の文句なんて言えなかったんですよね。不平を言わないことが前提としてありましたからね。

古川　しかし、食えないと戦えないですからね。

低い日本の自給率

古川　近頃話題になっている鳥インフルエンザや牛のBSE*問題で、日本の食糧事情についての関心が高まってきていますけれども、問題は食糧の自給関係だと思います。

早乙女　自給率、つまり自前でいくら賄えるかということですね。

古川　ええ。例えば米は、食用ですと一〇〇パーセントなんですけれども、加工用となると下がってしまうんです。あと、日本にやはりどうしても足りないのが、大豆と小麦。大豆は五パーセント、小麦も一三パーセントしかなくて、あとは輸入に頼っているということなんですね。

早乙女　肉類も輸入が多いですよね。

古川　鶏肉なんかはまだ六五パーセントを自給していますが、ちょっとお店で食べるような焼き鳥は、ほとんどタイから輸入しているものですね。

早乙女　そうなんですか。

古川　だから今度のように、原産地で何かトラブルがあると、日本はすぐパニックになってしまう。そういう微妙な国際バランスのなかに、日本は完全に飲み込まれてしまっているということなんです。

早乙女　情報にも踊らされてしまうんですよね。

＊BSE　牛海綿状脳症のこと。狂牛病と呼ばれることもある。牛の脳の中に空洞ができてスポンジ状になる家畜伝染病。

古川　意外と皆さんご存じないんですが、実は、我が国の食糧自給率はカロリーベースで換算したものですと、約五十年前の昭和三十五年には七九パーセント、約八割を自給で賄っていたんです。ところが現在はその半分の四〇パーセントしかないんです。ですから日本は今、国際的に孤立できないんですね。

早乙女　戦国時代でいえば籠城できないわけだ。

古川　その通りです。日本は国土も狭いですし、つくるにも限度がある。穀物自給率は世界百七十三の国のうち百三十番目なんですよ。特に先進国中では三十カ国中二十七番目ですから、いかに低いかがおわかりでしょう。

早乙女　日本には資源もないし、食糧もこういうことだと、ますます心配も大きくなりますね。

古川　そうするとさらに流通を整備して合理的にということになるんですよね。

早乙女　一番気がかりなのは、戦後暮らしが豊かになって、日本人が皆贅沢になったということがありますよね。おいしいものを食べて、粗食に耐えきれないようになってしまいました。

古川　その分、寿命も延びましたし、体格もよくなってオリンピックなどでも海外選手に劣らない成績をおさめるようにはなりましたけれども。

早乙女　我慢するということがなくなりましたね。我慢する必要もなくなってしまったし。

古川　おいしいものでなければ食べないという風潮は、もうすでに蔓延してしまっていますよね。

早乙女　それでもまだ、われわれぐらいの世代は粗食を知っていますから、何が何でもというのはあまりないんですけれども。

古川　今の若い人たちは、もののありがたみを知らないですからね。

早乙女　食べ物だけに限りませんが、ものを簡単に捨ててしまうし……。

古川　衣類にしても、着古して繕ってもう着られなくなったら最後はおむつや雑巾にして、というライフサイクルがあったんですけれどもね。

早乙女　東欧あたりのまだ貧しい国に行くと、かつての日本のつつましさを見る思いがしますね。そういうところへ行くと、とても贅沢は言えませんよ。

古川　そうですね。

早乙女　やはりどういう世の中になっても、ある程度、自給自足ができた方がいいんですね。

古川　安ければ外国から買えばいいんじゃないかという発想では、やはりいけないんですよね。

早乙女　売ってもらえなくなったらおしまいですよ。

古川　経済交流にも、微妙な政治の駆け引きがありますしね。いわば食糧の安全保障問題です。

早乙女　何があっても、食糧ぐらいは国内でなんとかできるようにしておかないとまずいんだな。少なくとも戦国時代は自給自足だったんだから。

古川　この機会に、自分が普段食べているものについて、それがどこで産まれてどう流通してきたのか、食卓につくときに一人一人が思いを巡らせてくれるといいなと思います。

王朝時代に学ぶ「知恵」の食事

◉ゲスト　尾崎左永子（歌人・作家）

◉聞き手　和田龍幸

尾崎左永子（おざき・さえこ）

歌人・作家。東京生まれ。東京女子大学国語科卒。『源氏の恋文』（日本エッセイストクラブ賞）『源氏の薫り』『源氏の明り』の三部作、『新訳 源氏物語』など古典文学の著書多数。歌集『さるびあ街』『夕霧峠』（迢空賞）ほか、短歌入門書『短歌カンタービレ』（小社刊）など。

2005年対談

王朝時代は「きらびやか」？

色、紙、文字、香り——。日本には、古来より脈々と受け継がれてきた誇るべき文化がある。王朝文化に詳しい尾崎左永子さんに伺ってみたかったのは「平安人はどんな食生活を送っていたのか」ということ。そこに、やはり日本人が受け継いできた「知恵」があるように思うからだ。対談を終え、美食、飽食のこの時代こそ、日本の食文化をもう一度見直し、世界の誇りにしたいとの思いをあらためて強くした。（和田）

和田　尾崎先生は、『源氏の恋文』『新訳源氏物語』などのご本をお書きになっていらして、王朝文化や平安時代のことにお詳しいですね。それも、色、香りといった切り口で物語の背景にある時代や文化に迫っていて、とても興味深いお仕事をなさっておられるなと感じます。

尾崎　ありがとうございます。『源氏物語*』にしても、ただ物語の筋を追うだけではなくて、「どういう色だったのかしら」とか、「明りはどうしていたのかしら」とか、別の切り口で読んでみると、また違った面白さが見えてくるんです。最初は「恋文」から始まって、色、紙、文字、香り、それから音と追ってきました。

和田　私がどうしてもお聞きしてみたかったのは、平安人の食生活。『源氏物語』には、食べ物の話がどれくらい出てくるのでしょうか。

＊源氏物語
平安時代中期の物語。紫式部作。五十四帖から成る。平安貴族の愛、栄華、苦悩が描かれ、後世の文芸に大きな影響を与えた。

尾崎　食べ物の場面はいくらも出てきませんけれども、「くだものまるる」ということばがよく出てきます。「くだもの」というのは、今では「果物」と書きますが、当時は「菓子」という字をあてています。ですから、ちゃんとした食事ではなくて、今のおやつのようなもので、柿、栗などの木の実とか、あと「柑子」と書いてあるのはミカンでしょうね。

和田　食事は何を食べていたんですか。

尾崎　普通はお粥です。「粥」にも「姫粥《ひめがゆ》」、「固粥《かたがゆ》」、「強飯《こわいい》」といろいろ種類があるのですが、普段食べていたのは「姫粥」、今で言うお粥だったようです。

和田　今のように、一日三食ですか。

尾崎　二食です。「朝餉の間《あさがれい》」というのが清涼殿*にあるので、それから見ると、朝はちゃんと食べていたようですね。そして、あいだがなくて夕食を本格的に食べたのだと思います。昔は今に比べて何もなかったと一般的には思われていますでしょう。でも、ある内大臣の祝いの宴の記録が残っていまして、それなどを読むと思ったよりずっと贅沢な食卓です。まず鯛があります。鯛は伊勢で獲れましたし、瀬戸内海からも、若狭からも入っていたようです。ほかにも、鱸《すずき》、蛸、川魚だと鮎、野菜ですと笴《たかうな》(竹の子)、莖《くくたち》(茎立＝スズナの薹が立ったもの)。それはいまでも東北あたりでそういう言葉が残っていて、それでお浸しが出来るし、あとは長芋、牛蒡《ごぼう》もあったでしょうか。

和田　本当に結構贅沢な食事ですね。

尾崎　茯菟《ふと》というのは、蒸しパンみたいなものではないかと言われていますし、エビ

＊清涼殿
平安京内裏の建物のひとつ。天皇が日常の暮らしを営んだ。

は随分たくさん使っていますね。日本は割合と食材が豊富だったんです。

和田　そうすると、王朝文化というか、そのころの宮廷貴族の暮らしは本当に華やかで、コンピュータ・グラフィックなどで再現してみたらきっと想像以上にきらびやかな世界になるんでしょうね。

尾崎　それは豪奢だったでしょうね。ただ、色彩的に「きらびやか」かというと、実はそうでもないんです。当時、化学染料はありませんから、当然草木染めです。そうすると、着ているものなども自然な色の取り合わせですから。

和田　なるほど。

尾崎　仏教では鮮やかな色を使いますけど、一般的にはあまりに鮮やかなものというのは逆に嫌われていたようなところがあったようです。当時の「色遣い」はかなり繊細だったようですね。

和田　そういう繊細な感覚というのは、和歌のやりとりなどにも出ていますね。

尾崎　そうですね。昔は、男女のやりとり、気持ちを伝えるのは和歌でしたから。和歌が上手でないと相手の方とおつきあいもできなかったんですよ。当時は、いきなり逢うということはまずなくて、相手を知るには歌のやりとりが非常に重要だったんです。

和田　ずいぶん手間暇がかかる（笑）。

尾崎　その手間暇を楽しむんです（笑）。

和田　忙しい現代人には無理でしょうね。あと、教養がないと。

尾崎　当時は庶民でも歌のやりとりはできましたから、教養はあまり関係ないでしょう。もともと短歌なんてとくに高級なものではなくて、男の人が女を誘う愛のささやき、セレナーデだったんです。

和田　歌はコミュニケーションの基本だったんですね。それにしても、『源氏物語』のなかには八百近くの和歌が出てくるそうですが、全て紫式部自身が作ったものなのですか。

尾崎　文章のなかには『古今和歌集』*などから取ってきたことばがたくさんちりばめてありますが、光源氏や六条御息所《ろくじょうのみやすんどころ》などの登場人物がやりとりする歌は全部、紫式部が作っています。彼女はそういう才能があって、こういう場合にはこういう歌を、というのはすごく上手だったようです。でも、式部本人の歌はというといまひとつで（笑）。小説のなかで成り代わって作るとうまいんですけれどもね。

和田　それはまた面白い。

尾崎　感情移入して、劇的人間になるといい歌ができる。本当に面白いです。

「晒す」文化

和田　伊勢神宮*では、式年遷宮といって、二十年に一度、皇大神宮（内宮）、豊受《とようけ》大神宮（外宮）などの社を建て直す儀式がありますが、そのときに装束や神宝なども作り直しているんです。それで、二十年のあいだに一回しか使わない籠や布、何百とい

＊古今和歌集
初めての勅撰和歌集。醍醐天皇の命により紀貫之らが撰。九一三年頃に成立。約千百首が収められている。

＊伊勢神宮
三重県伊勢市にある神宮。その起源は、日本書紀によると、大和にあった斎宮が疫病などで移転を余儀なくされた際の移転先のひとつとされたことだといわれる。その本殿は、式年遷宮と呼ばれる祭儀により二十年に一度新しく建て替えられる。

う品々を次の二十年間保存しておかなければならないという重大な使命があって、実は私、その物品を保存する会の会長を拝命しているのですが、これが大変です。なにしろ、二十年前に作ってくれた方が、次の二十年のあいだに亡くなってしまったりということなどもありますから。

尾崎　そうやって、千年以上も同じかたちで引き継がれているわけですよね。

和田　ええ。そのなかに、紅花*で染めた布もあるんですが、それはやはり今では特別な紅花で、農家に頼んでその種類だけ毎年作ってもらっているんです。

尾崎　山形の最上紅といわれる種ではないでしょうか。

和田　おそらく。二十年に一度のために毎年収穫して染めてもらうのは、その技術をずっと絶やさないようにしないといけないからです。籠も、編む人がいなくならないように、たとえば竹細工をやる人のなかから見込んで、編む技術を習得してもらうんです。

尾崎　そうしないと、廃れてしまうのですね。でも、とても大事なことです。

和田　それで、紅花を作る指導をしている人から聞いた面白い話がありまして、赤という色は実際にあたたかいのだそうです。昔の人が使っていた腰巻きというのは、赤い色をしていましたよね。あれにはちゃんと根拠があって、赤い布はあたたかくて血流をよくするから、昔から腰巻きや下着を赤く染めていた。なかでも、紅花はいいそうなんです。

尾崎　なるほど。

＊紅花
キク科の越年草。夏、アザミに似た花が咲き、色は黄から赤に変化する。乾かした花から口紅や染料の紅をつくる。原産地はエジプト。

和田　それから、紫根*から獲れる紫色というのは逆に熱を冷ます。歌舞伎などで紫色の鉢巻きみたいなものをするのは、頭を冷やさないといけないときだそうです。実際に化学的に分析してみると、やはり血流が違うそうですよ。

尾崎　昔の人は化学分析する術なんて持ち得ませんから、自然に体得していたのでしょう。すごい知恵ですよね。

和田　本当に、よくそういうことが分かったものだと思います。

尾崎　昔のことは、何でもないことでも知恵が生きていますね。薬でもなんでもそうですけれど、古い人の知恵の方が人のからだにやさしい気がします。

和田　平安時代の人も、きっと着るものなどもいろいろと考えていたのではないでしょうか。そこから、下着は「赤」があたたかいなどという発見をして。

尾崎　紅花は皮膚病にもいいそうですね。皮膚病にならない薬効があると聞いたことがあります。でも、だんだん昔のようないい紅花がなくなっているとも聞きました。花びらの根元に小さな実が付いているんですが、その実を昔は全部取り除いていたのを、今ではそのまま使ってしまうのだそうです。そうでないと需要に間に合わないし、そんなことをする人手も足りない。

和田　効率優先になってしまっているんですね。

尾崎　やはり、本物というのは手間暇をかけないと作れませんね。

和田　『源氏物語』の頃というのは、紙はまだ貴重品だったんでしょうか。

尾崎　そうですね。紙の文化も大変なものです。紙漉きは天武天皇*の頃から始まって、

*紫根
ムラサキの根。古くは煮汁を染料とした。漢方薬にも用いられてきた。ムラサキは山野に自生する高さ三〇～六〇センチの多年草。

*天武天皇
（六三一？～六八六年）第四〇代の天皇。兄の天智天皇没後、その子である大友皇子を壬申の乱で倒し天皇に。律令体制を整えた。

最初は仏教の写経用と、それからもう一つ、戸籍という実用的な意味を持っていました。それまでは木簡などに書いていたのを、厚い紙でも屑紙からでも作れるようになると官営の紙漉き場ができました。紙の技術は中国から入ってきたのですが、日本では技術改良を重ねて薄い紙ができるようになったんです。染色にしても、できた紙に版木を置いて後染めするのが中国の唐紙で、日本では水のなかに例えば紅などを入れて染める先染めが発達します。それで薄く作った紙を重ねて、色彩のハーモニーを演出する、というのが日本の文化なんです。

和田　日本の染色技術というのもすごいものですね。

尾崎　その前に、漂白もあります。色を抜く、晒すことも日本独特の文化です。「晒しの文化」と言ってもいいかもしれません。

和田　晒しの文化、ですか。

尾崎　水晒し、雪晒し、砂晒しなどいっぱいあるんですよ。それで繊維も晒すことができるようになって、真っ白な紙ができるようになるんです。これで、奉書紙（皺がなく純白で、きめの美しい和紙）ができる。この技術は本当に世界に誇れると思います。

和田　もしかしたら、晒すというのはもともと、苦みを取るとか、アクを抜くとか、食物を晒す技術からきているのではありませんか。照葉樹林*が中国の昆明辺りから長い年月を経て日本まで広がり、それとともに移動してきた人々が日本に住み着いたという説があります。照葉樹林にはクズ、ワラビ、ヒガンバナ、ヤマイモ、トチ、ドングリなど晒すと食べられる植物がたくさんあるのだそうです。

＊照葉樹林
常緑広葉樹のうち、クチクラ層が発達し、葉に光沢のあるシイやクスノキなどがたくさん生えている樹林。

尾崎　みな、アクのあるものですね。

和田　そうです。だから、それらを食べられるようにするために、時間をかけて何度も晒して、アクをとるという知恵を身につけたのではないでしょうか。何しろ、そうしなければ食べられないわけですから。

尾崎　衣食住のうち食が一番重要ですから、きっとそうでしょう。

和田　青森の三内丸山遺跡*からは、ドングリが見つかったと言いますし、きっとドングリも晒して食べられるようにしていたんでしょう。晒しの技術ができあがっていたのかもしれません。

尾崎　晒す技術というのは、いままであまり言われなかったのですが、日本のいろいろなことを支えていますね。

和田　食文化もきっとそうですね。

尾崎　いま、中国や朝鮮と躓きあっていますが、大昔を考えてみたらみんな同族みたいなものなのですから、ドングリを晒して食べていたころの気持ちに戻ればいいのにと思います。美食、飽食になって、日本人が忘れてしまったものを気づかせてくれる知恵が、古来の食文化にはあるような気がしますね。

本当の「おいしさ」

和田　美食、飽食で思い出しましたが、刺身というのはこのごろ世界中のどこへ行っ

＊三内丸山遺跡　青森市で発見された、日本最大級の縄文遺跡群。巨大な六本柱の建物跡など、当時の技術の高さをしのばせる遺跡が数多く発掘されている。

ても食べられますよね。韓国では結構前からありますが、どういうわけか向こうで食べるとおいしいと思わないんです。そうしたら、韓国の人もそう言う。

尾崎　何が違うのでしょう。

和田　材料の鮮度は違わない、むしろ向こうの方がいいかもしれない。そうしたら、どうも包丁の捌き方が違うのではないかと言うんです。

尾崎　なるほど。包丁捌きですか。それはすごく分かるような気がします。

和田　つい最近、日本の料理人がフランスへ行って、フランス人のシェフを相手に料理のワークショップを開いたそうですけど、平目なんかをさっと一枚におろしてみせると驚くそうですね。向こうはぶった切るだけですから（笑）。

尾崎　それはびっくりするでしょうね。

和田　やはり日本の料理は繊細ですし、「目で食す」というのもあります。

尾崎　それから、食べ物というのは味だけではなくて、必ず香りも要るんだそうですね。香料会社が製品を卸している先は、主に化粧品会社と食品会社なんだそうですよ。

和田　そうですね、香料の入っていない食品はないと聞きます。コーヒーやタバコにも入っているといいますね。

尾崎　嗜好品には、ほとんど入ってます。

和田　この頃は、香水でも何でも、機械で読みとると成分がパッと数値で出るそうですね。でも、作ってみろといわれるとなかなか作れない、そこまでたどりつくのが大変なんだそうです。

尾崎　化学分析だけではだめな部分があるんでしょうね。味も同じではありませんか。同じように同じ分量で作っても、やはり味が違うことがある。

和田　こちらの方はこちらの方で、年をとったからかどうか、だんだん味と香りに鈍くなってきていますが（笑）。

尾崎　私も年をとってきて、量より何よりおいしいものを少しばかりいただくようになりました（笑）。

和田　確かに。やはり見た目が美しいとついついおいしく食べてしまいますね。

尾崎　雑草を食べていた時代から考えると、本当に贅沢になったと思いますね。私など戦争中に何も無くて、そこら辺の雑草で生き延びましたから。

和田　空襲が激しかった頃というのは女学生でいらしたんですか。

尾崎　ええ。終戦のときは女子大生ですよ。

和田　それじゃあ、お腹がすいたでしょう（笑）。

尾崎　もう、すいたなんてものではなかったです（笑）。でも、牛乳屋さんが牛乳を分けてくれたりとか、親戚のうちに奉公していた人が地主さんに嫁いでいて、トマトやキュウリを内緒でとっておいてくれたりとか、人情で生き延びたという感じがします。買い出し列車にも乗りましたし。

和田　そうですか。

尾崎　ぎゅうぎゅう詰めの列車で、一度降りると乗れなくなってしまうような込み方ですけど、新潟まで行ってお米をいただいてまた帰ってくる。

和田　大変なんてものじゃない。

尾崎　でも、そういう思いをしていますから、強いです（笑）。おいしいものは本当にありがたくいただきますよ、今は。

和田　日本のある統計では、料理したものなど、料理屋では平均して四割は捨てているそうですね。一方では飢餓で死ぬ人もいるというのに、四割捨てている国もある。

尾崎　何か変ですね。最近のグルメ番組を見ていると、腹が立つことばかり。食べ物を粗末にして、あっけらかんと食べて言うことといったら「うまい」、「おいしい」だけでしょう。

和田　ああいうのこそ「貧困」と言うのでしょうか。ああいう人たちにも、ドングリを晒して食べていた頃の知や食の源も知ってもらいたい。

尾崎　やはり「おいしい」というと、戦争中とか戦後に食べたものの方がおいしいような気がしますね。

和田　そう考えると、三度三度の食事がいただけるというのは本当にありがたいことなんですね。家に帰ったら、感謝の気持ちを伝えないと。

尾崎　そのときはぜひ和歌で（笑）。＊在原業平《ありわらのなりひら》や光源氏に成り代わったつもりで奥様に歌ってください（笑）。

和田　気味悪がるかもしれません（笑）。

＊在原業平（八二五〜八八〇年）平安時代前期の歌人。六歌仙のひとり。『伊勢物語』の主人公のモデルとされ、美男子の代表といわれる。『古今和歌集』など勅撰集に多くの歌が収録されている。

〝噛む〟食事で
〝歯応え〟のある毎日を

◉ゲスト　田沼敦子（歯科医・料理研究家 エッセイスト）

◉聞き手　古川洽次

田沼敦子（たぬま・あつこ）

歯学博士・料理研究家。神奈川歯科大学卒業後、東京医科歯科大学専科専攻生、高浜デンタルクリニック（千葉市）院長。『よい歯を作るおべんとう』『ホームデンティスト』『取り寄せても食べたいもの』などの著書がある。

2004年対談

噛む子は育つ

古川　田沼さんは歯科医、料理研究家、エッセイストと多彩な肩書きをお持ちですが、講演などで子供の食生活やお弁当、噛むことの大切さについて話をされていますね。

田沼　診療中、子供たちの顎《あご》や歯並びを診ていると、「噛んでいないないな」と実感し、噛むことの効用をもっと声高に言わないといけないなと思ったのです。

古川　昔は祖父母や父親母親が日頃の食生活の中で歯にいいことを実践し、子供にもきちんと言っていたわけですよね。それが、核家族化が進み、食卓事情が変わってしまったから、言う大人がいなくなってしまった。やはり、誰かが言わないといけないんですよ。

田沼　昔だとそれこそ食養生みたいなものがあって、その中にも歯に関することがたくさん入っていました。

つねづね若い人の顔は画一化して、個性が少なくなってきたと思っている。迫力を感じる顔に滅多に出会わない。田沼さんのお話をうかがっていて改めて気づいた。多くの若者の顎が細いのである。それは、無意識のうちに「噛む」ことを放棄したツケが廻ってきたのである。その結果、ヤワな「顎力」は「学力」をも低下せしめているのだ。笑っている時ではない。顎が細くなってはニガ虫を噛みつぶした顔をしてもサマにならないのだ。（古川）

古川　かたいもやわらかいもなくて皆同じものを食べていましたよ。今はめいめいが好きなものを食べる「個食（孤食）」の時代なんですよね。

田沼　「よく噛んで食べなさい」という定番のセリフが、今は「はやく食べなさい」。親がよく噛むなと言っているようなものです（笑）。

古川　田沼さんが提唱されている、「〝かむかむ〟クッキング」というのは面白いですね。

田沼　例えば入れ歯や、歯がなくて噛めなくなった人のための食事についてはいろいろな本が出たり指導されたりしていますが、より「噛む」ためのメニューについては、歯医者さんも料理専門家の方もおっしゃっていないんです。そこで、特別なものを使わず身近な食材と調理法で自然に噛む回数が増えるメニューを作りましょう、というので始めたのが「〝かむかむ〟クッキング」です。豚肉と春雨、レンコンの炒めものとか、ゴボウのタラコまぶしのように、どこの家でも作れるメニューですよ。

古川　子供が噛まなくなって、どんな弊害が出ていますか。

田沼　いくつかありますが、まず肥満と集中力の低下、つまりイライラ症候群。これはもう社会問題になっています。

古川　どんな子供が「噛まない子供」なんでしょうか。

田沼　学校食事研究会というところが作った造語ですけど、今の子供の傾向は「ヤワナガクリョク」なんです（笑）。

古川　ガクリョクというのは「学力」のことですか。

田沼　学ぶ力の学力と顎の力の「顎力」をかけて、その両方がヤワだと言っているんです。ヤは「やわらかいものが好き」で、ワは「和食が嫌い」。ナは「ながら食い」で、ガは「ガツガツ食い」、クは「食わずに流し込み」、リョクは「緑黄色野菜嫌い」。

古川　なるほど。今は、コンビニやレストランはもちろん、給食のメニューもだいぶ洋風化してカタカナのメニューが増えていますから、われわれが普通に食べてきた、いわゆる日本食のメニューを食べる機会がないんでしょうね。

田沼　和食のよさ、つまり低カロリーで腹持ちがよく、すぐれた栄養バランスの献立が作りやすいということはずっと言われ続けているんですけれども、残念なことに、忙しいお母さんには「手がかかる」と思われてしまうんですよ。

ひらがなメニュー

古川　いい食生活にするには一体どうしたらいいのでしょう。

田沼　一つにはさっき古川さんがおっしゃったカタカナメニューをひらがなメニューにすること。これも私たちが提唱していることの一つですが、パンはご飯に、ラーメンは日本そばに、チーズだったら同じ発酵食品の納豆にとか、いくつか示してあります。

古川　それがあれば、忙しいお母さんや献立に迷ったときに役立ちそうですね。ひらがなメニューにすれば、噛む回数も増えますか。

田沼　はい。例えば、どちらも六百キロカロリーぐらいのご飯食（ご飯にみそ汁、焼き魚、きんぴら、おひたし）と、ファストフード食（チーズバーガー、フライドポテト、コーンスープ）の食事にかかる時間と咀嚼《そしゃく》*回数を比べると、まず食事時間がご飯食十三分二十八秒に対し、ファストフードが八分二十七秒。咀嚼の回数はご飯食が千十九回なのにファストフードが五百六十二回。倍近くも違います。

古川　一回の食事でそんなに違うんですか。

田沼　よく噛むということは、消化吸収を助けるということです。健康の面から言えば、三十回、一回一秒と計算して最低三十秒は噛んでほしいですね。これが十五回や二十回でなぜだめかというと、三十秒噛んだ唾液*で発ガン物質が消えたという実験結果もあるからです。

古川　流通の問題もあるんでしょうが、昔は魚でもなんでも鮮度のいいものは産地の近くに住んでいる人しか口にできなくて、基本的には加工するとか干すとかいう形でしか食べられなかった。そうするとどうしても調理をするし、それが噛むということにつながっていったわけですよね。やがて鮮度を保つ技術や流通経路の整備が進んできたことから、手を加えずに食べられるものが増えてきたと同時に、時間がないからやわらかいものが好まれるようになってしまったんです。噛む食事は時間がかかりますから。

田沼　人間の歯の本数は、今は二十八から三十二本ですけど、かつてはもっと多くて親知らずの奥にもあったんです。進化というより退化してしまっているんですよね。

古川　それこそ大昔は肉だって生のままや、あるいは干したものを食べていたわけで

＊咀嚼
口のなかで食べものをよく噛みくだいて味わうこと。

＊唾液
唾液腺から分泌され、デンプンを分解する酵素プチアリンなどがふくまれる。

すから、必然的に噛んだのでしょう。

田沼　卑弥呼*の時代なんて、ほとんど食べることに一日を費やしていたようなところがあって、動物と同じく、それが一番の大仕事だったわけです。だんだん、食べることに費やす時間が減ってきました。

古川　そうなんですね。よく言われていることですが、最近の子は本当に顎が小さくて細い。これは噛まないからなんですよね。

田沼　それは一概には言えないかと思いますが、朝食と集中力の話で最近は朝食の重要性を訴える声が結構あがってきていて、朝ご飯をちゃんと食べていると問題を間違える率が低いという統計も出ています。脳の中の海馬《かいば》*と、記憶と学習に関する回路というのは、朝食を食べて二時間すると回転がよくなるんです。よくお母さんたちに話すんですよ、テストの成績を上げたかったら、二時間前には朝食を食べさせておきなさいって（笑）。

古川　二時間前とは面白いですね。

田沼　やはり同じ学校食事研究会が作った標語で、これもよくできているんですが、「あさこめミルクでバランスどうり」というものがあります。「朝ご飯しっかり」、「砂糖、塩のとりすぎに注意」、「米の重要性を知ろう」、「ミルクをもっととろう」、「出るエネルギーととるエネルギーのバランスで適正な体重を」、「バランスのとれた食事」、「動物性脂肪のとりすぎに注意」、「緑黄色野菜や海草をもっととろう」。

古川　学校食事研究会というところは、随分熱心に子供の食生活改善に取り組んでい

＊卑弥呼
（不明～二四八年頃）弥生時代後期の倭国の女王。邪馬台国を治めたとされ、魏の明帝から親魏倭王の称号を与えられた。

＊海馬
脳の一部。記憶や空間学習能力に関わるといわれる。

ますね。

田沼　そうなんです。極めつけが噛む効用をうたった標語、「ヒミコノハガイーゼ」。「肥満を防ぐ」、「味覚の発達」、「言葉の発音がはっきり」、「脳の発達」、「歯の病気予防」、「ガン予防」、「胃腸の働きを促進」、「全身の体力向上と全力投球」というそれぞれの効用の頭一字をとったもので、今の子だったらダサイと言うんですけど、これに勝る標語はないと私は思っています。

古川　「卑弥呼の歯がいいぜ」ということですね。

田沼　「ゼ」の「全力投球」も大事ですね。歯がないとぐっと食いしばるとか踏ん張るとかできないですから。いざというときに力が出ません。

古川　これは子供だけではなく、大人にも十分あてはまる標語だと思いますよ。

お弁当と食糧自給率

古川　仕事と育児の両立で忙しい中、子供たちに作り続けたお弁当のスナップ写真を、アルバムに残されているとか。

田沼　結婚し、開業してから子供が生まれたんですが、住まいと仕事場が離れていたのでどうしても親らしいことをしてやれないし、どうしようかなとずっと自分なりに考えていたんです。お弁当を作るのは親なら当たり前なんですけど、どうせなら既製品は使わずおかずは全部手作りにしようとまず決めました。

古川　実践するのは大変だったでしょう。

田沼　お弁当を食べてもらえる期間には限りがありますから、その間に親の味じゃないですけど何か愛情を表したいと思って「頑張ろう」と。動機はそれだけです。結局、朝しか時間がないんですよ。それでお弁当に力を入れていたんですけど、せっかく一所懸命作ったのに食べたらおしまいというのはさびしいなと思って（笑）、それで写真に撮り始めたんです。

古川　それが雑誌の編集者の目にとまったわけですね。写真家であるご主人（田沼武能*氏）のアドバイスもありましたか。

田沼　アルバムを買ってきて、「整理しないと大変なことになる」と言ってくれました（笑）。最初は主人に頼んで撮ってもらっていたりもしたんですが、仕事で海外などに出てしまったら撮ってもらえませんから、撮り方を教わりました。

古川　何だかんだ言って子供はお母さんの作った食事で成長するわけだし、一度インプットされた記憶というのは、必ず年をとってそこへ戻ってきますから大切ですよ。

田沼　それにしても、戦後以降、日本人の食卓は本当に様変わりしました。

古川　二十年ほど前から日本食糧新聞社というところが毎年、食品のヒット商品というランキングを出しているんですが、これを見ていると何がみんなに受け入れられているかが非常によく分かるんですよ。

田沼　いろいろなものがありますね。いまや定番商品になっているミネラルウォーターとか、清涼飲料水、カップラーメンも多いですね。なんだか、水ものが多いよう

*田沼武能（一九二九〜）写真家。木村伊兵衛に学ぶ。『すばらしい子供たち』『遊べ子供たち』など世界の子供を題材にした写真集を出版し、菊池寛賞などを受賞。日本写真家協会会長をつとめた。

な気がします。

古川　何しろヒット商品というのは時代を反映していますよね。そこでこのリストから日本人の食生活の変遷を追ってみようと思って、独自にこれらの食品をかためのものとやわらかめのものとに分けて分析してみたんですよ。具体的な商品名なので、食べたことが無いものも多く周りの人に聞いてみたりしましたが、圧倒的にやわらかめ指向になっているんですね。そして今、田沼さんが気づかれたように、ほとんど水ものなんです。

田沼　お茶、ジュース、アルコールなどの、のどごしのいいものですよね。

古川　このなかで噛むと思われるのは、レトルト食品・缶詰・加工品なんですけど、わずか二十パーセントしかありません。水もの以外はお菓子とパン類で七十パーセント近くを占めてしまいます。ということは、みんなが潜在的にやわらかいものを望んでいるということなんです。

田沼　昔はそんなにやわらかいものを食べなかったんですが、なぜそうなったかというと一言、楽だからなんですよね。

古川　今の価値観がすべてだと思うことは、とんでもない間違い。さきほどの歯の標語ではないですが、卑弥呼の時代から学ぶべきことも多いはずです。

田沼　あの頃は一日九千回ぐらい噛んでいたんですよ。もっとも、噛まなくなるというのは世界的な傾向です。口溶けとのどごしの良さを求めて油や脂肪の多い食事に走ってしまっているんです。

古川　僕が声高に言っているのは、食糧自給率の低下が招く危険です。日本の食卓がこうも変わってきてしまったのには、輸入に頼る傾向が強くなってきたという背景があります。

田沼　飽食が生み出したいろいろな問題の中でも特に、食糧自給率が低下していることは私も切実に感じています。三十パーセントを切ると国が危ないと言われますが、日本なんか本当に危ない。

古川　カロリーベースで四十パーセントですからギリギリです。

田沼　人口六十三億人の世界の中で、かなり経済水準が高いながらも、自給率がこんなに低い国は日本だけですよ。

古川　現在、自給に耐えうるのはお米だけです。でも、このままご飯食離れが進んだら……。

田沼　怖いことになります。やはり、「噛む」食事に戻しませんか。

古川　そもそも、「歯応えがある」というのはいいことだという認識が、今は薄いですよね。ことばの意味が取り違えられてしまっていて、「抵抗」というようにマイナスのイメージで使われてしまう。噛むということは一つの文化で、噛む食事を伝えていくことは文化の伝承じゃないかと私は思いますが。

田沼　皆、あまりにも物事を噛まずに鵜呑みにしてしまうんですよね。

古川　ことばもそうです。よく自分の中で咀嚼しないで丸飲みにしてしまうから血肉にならない。生きたことばを使えない。こういうのを歯がゆいと言うのかな（笑）。

田沼　歯応えがある毎日とは、手応えがある生活、ひいては手応えのある人生を送るということだと思うのです。三度の食事やお弁当で生活を変えられるんだから、ぜひ実践してほしいですね。

古川　噛む食事で食糧自給率も上げる。長引く不景気を改善する鍵も、家庭の食卓が握っているということですね。

「食わず嫌い」は損
召しませ〝ロシア〟

◉ゲスト　ミハイル・Y・ガルージン
（駐日ロシア連邦大使館公使）

◉聞き手　和田龍幸

ミハイル・Y・ガルージン（右）

駐日ロシア連邦大使館公使。ロシア外務省入省後、昭和58年からの３年間と平成４年からの５年間の２度にわたって、在日ロシア大使館に参事官として勤務。ロシア外務省アジア課を経て、平成13年来日。日露両国の重要な外交交渉の多くに加わっている。ロシアを代表する日本通である。

2005年対談

近くて遠い国

ロシアと聞いて、どんな印象を持つか。私自身を含め、ロシアのことをよく知らない日本人は多いと思う。ロシア料理もなじみが薄い。しかし、駐日ロシア大使館公使のガルージン氏にいろいろと話を伺って、食の精神性、文化の豊かさなど、日本とロシアはむしろ価値観を共有できる間柄ではないかと実感した。何よりロシア料理、そしてロシアという国への興味が湧いた。「食わず嫌い」は損――である。（和田）

和田　ガルージンさんは、駐日ロシア連邦大使館公使として日本へお見えになって、もう何年になられますか。

ガルージン　現職として来日したのが二〇〇一年ですから、ちょうど四年ですね。

和田　以前にも二度、参事官として駐日大使館に勤務されていらっしゃいますね。

ガルージン　一九八三年から八六年、九二年から九七年にかけての二回です。

和田　日露両国の重要な外交交渉にたずさわってこられた。いわば、日露の「架け橋」ですな。また、今年（二〇〇五年）は日露修好*一五〇周年という、日本とロシアにとっても節目の年ですね。

ガルージン　ところで和田さんは、ロシアへ行かれたことは。

和田　いや、実はないんです。これまで何度となく機会はあったのですが、寒いのが

＊日露修好
一八五五年に結ばれた日露和親条約をさすのが一般的。プチャーチン率いるロシア使節団との間で条約の締結にいたった。これにより日本は下田、箱館、長崎を開港した。

体にこたえそうで……（笑）。

ガルージン　ロシアに関して皆さんに印象をお聞きすると、「寒い」「暗い」「あまり好きでない」とおっしゃいます。ずいぶん昔からロシアという国は、日本の一般の国民のみなさんにとって「近くて遠い国」のイメージが強かったんです。けれど、私にしてみれば「食わず嫌いですよ！」という気持ちです。まず、最近のモスクワの気候はですね、大体、北海道の札幌ぐらいです。

和田　そうなんですか。

ガルージン　しかも年々、暖かくなる。これはこれで問題なのですが。

和田　ああ、温暖化の影響ですね。

ガルージン　最近の気象データを見ると、ここ三十年間でモスクワの平均気温は四度も上がりました。

和田　そんなに。そりゃあ大変だ。

ガルージン　モスクワで生まれ育った私の実感としても、それはよく感じています。冬の到来が遅くなりました。二十年くらい前ですと十一月には雪が積もっていましたから。

和田　なるほど。

ガルージン　そして、夏が結構暑くなりました。以前、モスクワでは冷房をほとんど使いませんでしたが、今は、特に新築の建物には冷房が入っているのが普通です。ゴ*ルバチョフが登場して、ペ*レストロイカ、構造改革が進んで、人々はたくさんの自由

*ゴルバチョフ
ミハイル・ゴルバチョフ（一九三一〜）。ソビエト連邦最後の最高指導者。四〇年以上続いた東西冷戦のなか、ペレストロイカやグラスノスチなど改革開放路線によって冷戦に終止符を打った。一九九〇年ノーベル平和賞受賞。

*ペレストロイカ
ロシア語で「建て直し」「再建」を意味する。ゴルバチョフが一九八六年四月の演説の中で提唱し、一九九一年のソビエト連邦解体、民主化への足がかりとなった。

*ピロシキ
いろいろな具材をパン生地で包み、焼いたり揚げたりするロシア料理。「パイ」を意味するロシア語「ピローグ」が語源。

を獲得したんです。暮らし向きも随分変わってきているんですよ。最近では、外国資本のホテルもたくさん建設されています。

和田　気温が上がっているのは老骨には有難いですが、地球温暖化は本当に全世界レベルで考えなくてはいけません。「食わず嫌い」というお話がございましたが、ロシアに限らず、日本人の外交下手なところは、どうもその「食わず嫌い」に原因がありますね。物事を交渉するうえでも、相手を知ることは第一に必要です。今日は「ロシア料理」を糸口に、ロシアのことをいろいろとご教示ください。

ロシア料理は「盛りだくさん」

ガルージン　ロシア料理、ロシアの食べものというと、何を思い浮かべられますか。

和田　*ピロシキや*キャビア、*ビーフストロガノフ……。あと、*ウオッカでしょうか。やはり寒い国なので、体をあたためる料理、塩分の強いものが主という印象がありますが。

ガルージン　そうですね。要するに、料理というものは、おそらくそれぞれの国の気候、あるいは伝統的な生活様式を反映しているものだと思います。ロシアの場合は、まさに和田さんがおっしゃったように冬の寒さに備えるため、熱くて脂っこいものが多いです。ロシアの家庭料理の一つの特徴として「盛りだくさん」というのがありますね。例えば、スープを大きな皿に入れて食べる。

＊キャビア
チョウザメの卵で、カスピ海産のものがもっとも有名。世界三大珍味のひとつとされ、現在は希少な種であるチョウザメを保護するため、取り引きが制限されている。

＊ビーフストロガノフ
牛肉の薄切り、タマネギ、マッシュルームを炒めたものにサワークリームを加えたロシア料理のひとつ。ロシア帝政時代のストロガノフ伯爵家にそのルーツがあるとされる。

＊ウオッカ
ロシア語で蒸留酒を指す。原料はライ麦、大麦、ジャガイモなどさまざま。白樺の炭をつかって濾過する。無色透明で、癖のない味が特徴。アルコール度の高いものは九〇度を超える。

和田　飲むのではなく、「食べる」なんですね。

ガルージン　ええ、スープはかなりの量を食べます。やや脂っこい特徴はありますが、肉、魚、野菜と盛りだくさんです。熱くて、おいしいんですよ。

和田　体をあたためるという意味では、日本の汁もの、鍋ものにも通じますね。

ガルージン　今はいろいろと技術が発展していますから、そんなことはないのですが、かつてロシアでは、冬に野菜の栽培はできませんでした。ですから、生野菜が秋から翌年の春、夏まで手に入らない。そこで、キャベツ、キュウリ、最近ではズッキーニとか、あとはタマネギなどを木の樽に塩漬けにして保存していたんです。

和田　そして冬の栄養源として食べていたんですね。キュウリなんかはピクルスにしていたんですか。

ガルージン　そうです。そういったものは、どこでも売っています。それもロシアの伝統文化のひとつですね。

和田　一般家庭の主食はジャガ芋ですか。

ガルージン　一般的にいえばやはり、主食はパンです。「パンは全てのことの頭である」ということわざがあります。

和田　「頭」ですか。

ガルージン　つまり、パンが人間の生活の元である、という意味です。特に、春に種を播《ま》いて秋に収穫した穀物で作ったパンは、ビタミンも豊富で一冬をしのぐ大切な食料、命綱です。さらに、パンが主食だということは、文化にも反映されて表現されているんです。

和田　といいますと。

ガルージン　例えば、毎年春、三月のはじめ頃に、「マスレニツァ」といって春を迎えるお祭りがあるんです。その祭りの主体となる行事の一つとして、丸いパンケーキを作るんです。そのパンケーキは太陽を象徴しているんですよ。

和田　なるほど。つまり、天の恵みに感謝する祭りなんですね。

ガルージン　ええ、暖かさとそれに伴い豊作を与えてくれるお日様、太陽を崇拝し尊敬するという意味で、丸いパンケーキを作ります。

和田　それでは、日本で米の豊作を祝う祭りが各地で行われるのと同じじゃないですか。

ガルージン　まったくその通りです。そのパンケーキはロシア語で「ブリニ」といいます。そして、このブリニにサワークリームをつけたり、イクラやサーモンを載せたり、巻いたりして食べる習慣が昔からあるんです。今でも家庭やレストランで、普通に食べることができます。とはいえ、旧ソ連からロシアになって、ロシアの食卓も随分様変わりしました。

和田　変わったのは政治だけではない。一般庶民の食卓にだって大きな変化があったということですか――。

ガルージン　新しい市場経済が入ってきて、国民の意識が変わりました。国外からいろいろなものが入ってきましたし。

和田　食生活の面で大きく変わったのは、どのようなことですか。

ガルージン　まさに、その主食が変わりました。もちろんジャガ芋を昔からたくさん食べていますが、ロシア人の一般的な家庭では、マカロニや麺、主にイタリア・スタイルのものが主流になりつつあります。若干ですが、お米も食べられていますよ。

和田　ほかにロシア料理の特徴としてはどんな要素がありますか。

ガルージン　伝統的に、前菜の充実度、見事さが挙げられます。

和田　前菜というと、オードブルのようなものですか。

ガルージン　サラダと、そしてロシアで大変人気のある前菜は、例えばトマトやキュウリなどの野菜と、ハム、ソーセージ。あるいは、もちろん高価なので一般的ではありませんが、サーモンやチョウザメですね。これらは、伝統的なロシアの前菜のひとつ、ロシア人がいう「ザクースカ*」としてよく食卓に提供されています。さらに、ロシア人がとても好きなのはニシンですね。

和田　前菜だけでもお腹いっぱいになりそうですね（笑）。カズノコはどうしてるんですか。

ガルージン　ほとんど食べないといってもよいでしょう。ザクースカのあとスープがでてメインディッシュ。ロシア人の胃袋が大きいといっても、カズノコまでいかないのでしょう（笑）。

和田　もったいない。日本人は高いお金を払ってまでカズノコを買うのですが（笑）。日本では牛肉の輸入などが問題になっていますが、ロシアでは主にどんな肉を食べて

＊ザクースカ
ロシア料理で前菜を意味する。燻製、ピクルス、ニシン、ソーセージ、そしてキャビアも前菜として出されることが多い。

いるんですか。

ガルージン　牛肉と豚肉が中心ですけれども、コーカサス風料理を作るとなると、羊肉、マトンも使います。魚は面白くて、日本では敬遠される川魚を海のものより食べることが多いんです。

和田　それも伝統的なんでしょうか。

ガルージン　そうですね。特に伝統的な料理で、川魚を使うことが多いです。サケ、マス、スズキ、ナマズ、コイ……。

和田　それは、海よりも川の方が生活に密着していたということなんですか。

ガルージン　そうでしょうね。ロシアはもちろん海に囲まれていますけれども、やはり昔から海岸ではなくて大陸の奥に住んでいましたので、海より川や池、湖が近くにあり、そこで釣った魚を食べるのが当たり前だったんでしょうね。

和田　国土が広いと、やはり地方によって料理も違ってきますか。

ガルージン　それぞれの地域へ行けば、それぞれの料理の特徴があります。例えば、シベリア*ではペルメーニといって、水餃子を食べる伝統があるんですよ。

和田　それは面白いな。

ガルージン　北の方へ行くと魚料理が多いですし、南に行くと味付けがちょっと辛くなりますね。コーカサス*の近くはマトン料理、串焼きですし。

＊シベリア
ロシア連邦内のウラル山脈分水嶺より東側に位置する、北アジアおよび東アジア地域の呼び名。主な都市はエカテリンブルク、ノヴォシビルスク、イルクーツクなどで、さらに広義に捉えてハバロフスク、ウラジオストクまで含める場合もある。

＊コーカサス
黒海とカスピ海の間に位置するコーカサス山脈とその周辺地域。カフカースともいう。

子どもにも文化で交流を

和田　近頃お箸をうまく使えない日本人もいますが、ガルージンさんはとても上手にお使いになる。日本料理はお好きですか。

ガルージン　大変おいしくいただきます。日本料理は芸が細かいですね。

和田　日本人は「旬」のものに対するこだわりが強いんですね。あと、味だけではなくて、いかに見せるかということにも心をくだく。盛りつけや工芸菓子の繊細さは、同じ日本人ながら感心します。

ガルージン　ええ、よく分かります。

和田　何でも芸術にしてしまうのも日本人の性質ですね。食べ物も芸術。お花、お茶も、この頃ではコーヒーまで（笑）。

ガルージン　日本人、日本料理のそういう点をロシア人は好むんですよ。ロシアでももちろん、綺麗な形で食卓に食べ物を置く習慣はありますけれども、どちらかというと、先にも申しましたように栄養をとるのが主で、「盛りだくさん」ですから（笑）。

和田　でも、よくよくお話を伺えば、ロシア料理は理にかなっていますし、精神性としては日本の精進料理*にも近いかもしれません。また、この先、食卓もどんどん多様化して、食を楽しむということも広まってくるのではないですか。

ガルージン　そうかもしれません。でも今、もし和田さんがモスクワにいらしたら、日本料理のレストランが多いことにきっと驚かれると思いますよ。

＊精進料理
殺生を戒める大乗仏教に由来する、肉類、魚介類を用いずに穀類、野菜を主とする料理。

和田　そんなに多いんですか。

ガルージン　ちょっと値段は張りますが、ロシア人は日本食が好きですね。それはもう、ロシアの伝統的な家庭料理とは全く違う料理ということで、関心が持たれているんです。しかも、特別な階層ばかりでなく、一般的な人々の関心を促しています。日本に対しての関心が強いことのあらわれだといえると思います。

和田　ほう、それは興味深いですね。

ガルージン　戦後、日本が遂げた奇跡的な経済成長や高度技術の発展の成果、それと同時にやはり日本は独自の文化を大事にする国、日本人は日本文化を大事にする国民だという認識があり、そういうことに対する尊敬が強いようです。

和田　それはありがたいことです。

ガルージン　そういったことから、必然的に日本の料理に対する関心が高くなるのかもしれないですね。

和田　ロシアの人は、人を評価するときに、その基準を文化に置くと聞いたことがあります。ですから、日本の文化の歴史や奥の深さが、ロシアの人々に受け入れられているということは大変嬉しいですね。そういう意味でいうと、日本に入ってきているロシアの情報のいかに少ないことか。

ガルージン　そこなんです。そもそも、日本からロシアに行く観光客の数が、フランスやイタリアへ行く観光客の人数に比べると、圧倒的に少ない。理由はいくつかあって、ひとつには、先ほど出た「近くて遠い国」のイメージ。そして、旧ソ連時代は、確かに観光客を受け入れるためのインフラストラクチャーが、充分に整備されていませんでした。例えば、サンクトペテルブルク*やモスクワのようなところは別ですけれども、全体的に旧ソ連時代はインフラ整備が遅れていたんですね。今は、だんだん状況が改善しつつあります。ロシアの航空会社のサービスも大変よくなりました。おっしゃるようにロシアを紹介するパンフレット類の充実は必要ですね。同時に日本の情報を知るものも。

和田　一般市民の交流が活発になって、相互を行き来する観光客が増えることが経済的には何よりですけれども、企業や政治レベルでは結構会議が持たれているんですよね。

ガルージン　二〇〇五年七月に、サンクトペテルブルクとモスクワで「日露ＩＴ観光交流戦略会議」が開かれました。その中で、観光に関していえば、日本側から観光客を三年間で三倍に増やしましょうというご提案がありました。これは大変素晴らしい提案です。

和田　ええ、まさに政府と企業が一体となって、成し遂げていって欲しい。今、ロシアを訪れる日本人観光客は……。

ガルージン　年間八万人くらいでしょうか。

和田　少ないですね。

ガルージン　例えば、サンクトペテルブルクを毎年訪れる外国からの観光客の人数は約六百万人。ですから日本人観光客が三倍になっても割合としては少ないですね。

---

*サンクトペテルブルク　モスクワに次ぐ、ロシア第二の都市。ロシア帝国時代の首都で、旧ソ連時代はレニングラードと呼ばれた。

和田　ロシア料理も興味深いですが、ロシアの文化だってとても奥が深い。近年、エルミタージュ美術館の美術品がマスコミに取り上げられたり、バレエやオペラ、クラシック音楽などが紹介されてきて、関心を持つ日本人はとても多い。ロシアのことをもっと知りたいと思っている人は潜在的にまだまだいますよ。しかし、一般の人に広くロシアのよさを紹介する本などが余りにも少ないように思います。

ガルージン　私も痛感しています。外交も軍事力で推し進めるという時代は終わり、今では文化や理念で相手を説得し、信頼を得ることが大切だと思うのです。文化交流、観光交流は、国交の基本なんです。ですから、われわれも日本の文化に関する情報をもっと欲しい。これからは、殊に両国の若い人、子どもたちがお互いを知ることが出来る本が必要だと思いますね。

和田　それはいいアイデアですね。そういう中でも「料理」ほど入りやすい糸口はないですね。ものを食べているときというのは、人は警戒心を解きますから。私も「食わず嫌い」をせず、ロシアに出かけてみたい。その前に、日本にあるおいしいロシア料理店に連れていっていただけませんか。

ガルージン　喜んで。ただし、店名はこの対談が終わってからこっそりお教えします（笑）。

おもてなしは心から

◉ゲスト　中村秀太良（「招福楼」当主）

◉聞き手　古川洽次

中村秀太良（なかむら・ひでたろう／右）

「招福楼」当主。大正11年、滋賀県八日市（現在の東近江市）生まれ。関西大学法文学部卒。昭和18年、学徒動員。昭和22年、武者小路千家入門。昭和23年より家業の「招福楼」当主に就き、現在に至る。

2005年対談

お茶屋から料理屋へ

日本料理の名料亭「招福楼」は、料理はもちろんのこと、庭、座敷、掛物や花などの室内装飾から器にいたるまで、すべてがご主人の美の感覚で統一されている。それでいて、もてなしは至って自然流。先付から始まり茶で終わる懐石には、日本文化が凝縮されており、日本料理は和の総合芸術であるというご主人のことばには、大きくうなずかされた。日本料理の精神の素晴らしさを、あらためて実感したひとときだった。（古川）

古川　念願叶って「招福楼」さんの本店に伺えました。東京駅の丸ビル店や、以前、名古屋に出されていたお店には折々に伺っていたのですけれども。

中村　そうでございましたか。本日はわざわざお運びいただきまして、ありがとうございます。

古川　こちらは八日市*駅を降りてすぐのところにございますが、私、最初におたずねしたかったのは、どうして招福楼さんはこの地に店を構えられたのかということなんです。ここは中仙道に面しているわけでもないし、かといって鉄道の幹線の沿線でもないでしょう。

中村　ええ。

古川　ただ、「八日市」ということは、八日の日に市が立ったということでしょうか。

＊八日市
滋賀県にあった市。現在の東近江市の一部。聖徳太子の時代「八」のつく日に市が開かれていたことが市名の由来とされる。

中村　町の真ん中に、市神《いちがみ》神社というのがございます。そこで、戦前まではきっちりと、二、五、八のつく日に、安土付近の漁師は魚を、農村からは野菜を持ってきて、市が立っていたんです。

古川　そうでしたか。

中村　それから、中世から近世にかけては、街道と共に宿場町として発展しておりました。八日市には、八風《はっぷう》街道・御代参《ごだいさん》街道・千種《ちぐさ》街道の三本の街道が走っておりまして、それぞれ商業などで重要な役割を果たした街道なんでございます。

古川　招福楼さんのお家は代々八日市でご商売をされていらしたんですか。

中村　祖父はここから東に一里ほど行ったところの長村《おさむら》という村で鋳物師をしておりました。それからこちらに出て参りまして、お茶屋を始めました。お茶と申しましても飲むお茶ではなくて、芸者・舞妓を呼んでお食事をしていただく茶屋ですね。近江商人の先々代さんあたりが非常に羽振りを利かせていた時代で、一族郎党を連れて泊まりがけで遊びに来られまして。

古川　そのときにもう、「招福楼」というお名前だったのですか。

中村　はい。それは祖父が付けた名前です。手前はその名前が嫌いで変えようかと思って友人に相談したんですが、「そらぁやっぱり変えちゃあいかん」と言われまして（笑）。

古川　お店としてスタートされたのは明治に入ってからですか。

中村　そうですね。明治中期頃に八日市で大火がありまして、それで焼け出されていまの場所に参りました。

古川　やはり、食材がなければできないお仕事ですから、街道が栄えていろいろなものが集まってきたという歴史の経緯があるんですね。それで、お茶屋さんはいつまでなさっていたんですか。

中村　昭和十九年の初めです。私が十八年の十二月に学徒動員で軍隊に入りまして、そのときに軍隊からの要望で、お茶屋を廃業して料理旅館に転業させられたうえ、料理旅館も休業させられまして軍属の将校寮になりました。名前も、藤田東湖*の「正気の歌」の正気《せいき》荘というものに変えられて。

古川　そうしますと、「招福楼」から「正気荘」、そしてまた戦後、「招福楼」になったわけですね。

中村　料理屋としては、私が初代でございます。

茶道との出会い

古川　招福楼さんといえば、お茶の懐石を骨組みにされて、それを日本料理屋の料理にアレンジされたものを出されていますね。東京のお店もお茶室のしつらえで、お茶、茶道の精神をとても大切になさっているとお見受けいたします。

中村　そもそもは、戦後、関西大学学長の岩崎卯一*先生に連れられて天竜寺で山田無文*老師（元妙心寺派管長）をご紹介いただき、老師にお茶を点てていただいたことが始まりでございます。七月の暑いときでございましたが、私が参りましたら無文老師

＊藤田東湖
（一八〇六～五五年）江戸後期の儒学者。水戸藩士として主君徳川斉昭を補佐し、幕政にも参加。著書に『回天詩史』がある。

＊岩崎卯一
（一八九一～一九六〇年）大正から昭和期の政治学者・社会学者。コロンビア大学留学ののち、関西大学教授。一九四七年、同大学学長に。社会学の体系化に貢献した。

＊山田無文老師
（一九〇〇～八八年）昭和期の禅僧。妙心寺派管長などを務めた。平易な説法で知られる。著書に『むもん法話集』など。

が鉄瓶を提げて庭にお降りになって冷水を汲んで来られ、それでお茶を点てて「飲め」とおっしゃってくださったんです。しかし私はお茶の作法を知りませんでしたので、「こら困った」と思いまして(笑)、「和尚さん、お茶の飲み方を知りません」と申しました。

古川　それで、どうされたんですか。

中村　はい。老師は一言、「茶は飲んだらええもんじゃ」とおっしゃったのです。

古川　ほう。

中村　そういう言い方をされる老師はこの頃ございません。仕方がございませんから、飲みましたんです。ところが私は表やら裏やらといった流儀や、何か茶碗を廻す作法があるということくらいは知っておったのですね。なまじっかそれを意識して飲むもんですから、これではいかんと思いまして、武者小路千家*九代の愈好斎《ゆこうさい》宗匠に入門しました。しかし、家元のところに行ったおかげで、その道その道のトップクラスの先生方にいろいろとご指導いただけるようになりました。

古川　お料理はこちらに帰ってこられてから始められたんですか。

中村　お茶の懐石を家元に習いました。

古川　それでは、特にどこかに入って修業をされたということはないんですね。

中村　京都の料理屋さんが、奥様お嬢様方を集めて料理の講習をしていたところに、助手として通わせていただいたことはございますが、結局、お茶の懐石が基です。もてなしの心も、茶道から学ばせていただきました。

＊武者小路千家　裏千家、表千家とならぶ、茶道三千家のひとつ。宗家は京都市右京区武者小路にあり、それが家名の由来とされる。千宗旦の次男一翁宗守が流祖とされる。「官休庵」は武者小路千家の茶室。

古川　お茶の家元のところで出会われたその道のトップクラスの方とは、例えばどんな方ですか。

中村　家元の扇子師をしている方で中村清兄といいまして、徳川時代初期から御所の有職《ゆうそく》の扇子師で大変な学者のうえ、御所、千家に関係しておられたので、公家有職の事など殊に詳しく、いろいろなことを教わりました。夜十時ぐらいに仕事が終わってから高速道路で京都へ行って、十二時頃まで車の中で先生が戻られるのを待っているんです。それからいろいろなことを教えていただいて、「夜討ち朝駆けだ」と言われました（笑）。

古川　そうやって、料理以外のことも学ばれたんですね。

中村　はい。店の玄関の衝立でございますが、あれも私が手を入れました。もっと背が高くて富士山が描いてあったんですけど、気に入らないので低くして、*大徳寺孤篷庵の忘筌《ぼうせん》席の天井板の模写、*遠州公探幽の小色紙の金銀砂子、さらに平安時代の螺鈿《らでん》（青貝）の硯箱の洲浜《すはま》等三者を参考にして作りました。その一例です。

古川　東京のお店のお部屋は由緒あるお茶席が原型なのですね。

中村　一休禅師のおいでになった大徳寺に真珠庵というのがありまして、これは普段拝観することができないのですが、そこに金森宗和公の好まれた庭玉軒という茶席がございます。その庭玉軒を模したいというのがひとつの願望でした。もうひとつの広間は、大徳寺孤篷庵の忘筌席です。

古川　そうでしたか。

＊大徳寺
京都市にある臨済宗大徳寺派の大本山。多くの名僧を輩出し、茶の湯とも深いかかわりをもつ。応仁の乱で焼失、一休宗純が再建した。唐門は国宝。

＊遠州公探幽
狩野探幽（一六〇二〜七四年）。江戸時代の絵師。狩野派を代表する絵師で、早熟の天才と評された。若いころから将軍に謁見を許され、大徳寺や二条城、名古屋城の障壁画を描いた。

中村　庭玉軒は、一年に一週間だけ拝見できるそうですが、そのときは襖のところを開けて青竹の結界を置いて、そこから中を見るだけなんです。手前座が見えるだけです。それを三日間、測量して撮影して釘一本まで寸法を採らせていただき、幸せなことでございました。土庇は利休さんを祀っている家元の祖堂濤々の土庇を、躙り口は半宝《はんぽう》庵を寸分違わず写させていただいて。

古川　建築や造園もお好きなんですね。

中村　お金があったらこれほど面白いものはないですね。私の造った州浜の庭が作庭家の重森三玲先生にえらい誉められて、桂離宮などと一緒に正月のカレンダーに取り上げられたこともございます。それも全部、中村先生に有職のことやら教えていただいたおかげです。

古川　正直言って、おいしいものは今、わりとどこでも出していただけますよね。ただ、私はその道を極めたわけでもなんでもないんですが、招福樓さんに伺うと、他と何かちょっと違うなと感じます。置いてある器にしても、床の間のしつらえにしても、あるいはお店の方のサービスとか、それから京都の桜田（招福樓出身の桜田五十鈴さんが主人）にお伺いしたときに、最後に角を曲がるまでお見送りしていただいた、ああいうことなんですよね。

中村　ありがとうございます。

古川　六年程前、モスクワのボリショイ劇場が改装される直前に「椿姫*」のオペラを観に行ったんですが、あとで考えまして、オペラというのは総合芸術だけれども、オ

＊椿姫
ジュゼッペ・ヴェルディ作のオペラ。一八五三年初演。アレクサンドル・デュマ・フィス（小デュマ）の小説が原作。娼婦である主人公ヴィオレッタの純愛を描く。「蝶蝶夫人」「カルメン」などと並ぶオペラの名作。

ペラと料亭というのは似ているかなと思いますね。と申しますのは、私がそのときに観て一番印象に残ったのは、幕間に踊ったバレエだったんです。

中村 ほう。

古川 男女ふたりがバレエを舞うんですが、蝶々がたわむれて舞うような感じ、双蝶の舞なんです。「これは本当に人間か」と思うような見事な舞でして、それがまたオペラ「椿姫」全体を引き立てているんです。建築があって歌があって踊りがあって、それを観るお客さんがいる。やはり、総合芸術ですね。そして料亭というのはそういうことが再現できる場所かなあと思いました。ただ単においしい料理をいただくというだけではなくて、こういう道具や佇まい、ご主人のお話だとか、トータルで味わわせていただくものなのだなと。最近では、そういうお店がだんだんと減ってきてしまったと思いますね。

日本料理は和と美の総合芸術

古川 日本料理、特に招福樓さんの料理のこころは何でございましょう。

中村 私は師の無文老師から料理の定義をいただいております。それは「人間の誠実さと親切と勘のよさが最もよく表れるものは料理である」。私はこの心だけは大切にします。もうひとつは、できるだけ、庭園、建築、室内装飾、掛物、食器、料理、これをひとつのセンスで一貫するように努力しております。蝶々が合間に舞って全体を引き立てたとおっしゃいましたけれども、献立全体でも「序破急」＊というものがあると思うのです。先付から静かに始まって、煮物、お造り、焼物、八寸、強肴《しいざかな》、箸休、煮合、汁、御飯、香の物、菓子、薄茶、果物まで。大切なお客様にと思って、一品一品すべて気張り過ぎると駄目ですね。

古川　では、日本料理の特徴というのは何でしょうか。

中村　「吉兆」のご主人と昔よく話していたんですが、日本料理というのは「どこまで手を加えるか」ということなんですね。やはり鯛なら鯛、鱧なら鱧の料理だということを分かる料理にせんと。何で作った料理か分からんようになったら駄目でございます。それからひとつの椀なら椀のなかで、本日の椀なら赤魚が主で、蓮餅（蓮根で作った餅）は従でございます。ですから、はっきり赤魚の料理だということが分かるということが日本料理だと思います。洋食だったら、ステーキを手前において、あしらいを向こうに置いたりなさいます。日本料理では主になるものを向こうに置いて、あしらいは手前に盛りつけます。それも、日本料理と西洋料理の違いだと思います。一概にはいえませんが、それと例えば、「八月やなあ、お盆月やなあ」という趣向、これも外国にはない料理、感覚だと思います。

古川　最近は、外国からのお客さんもお見えになりますか。

中村　はい。東京の店には外国の方だけでお見えになることもございます。それが驚いてしまうのですが、鱧でしたか、お椀で出しましたら、「旬のええお魚を出していただいて」なんておっしゃるのです。最近では若い板前が、「旬」ということばを知

＊序破急
物事の展開していく流れ。たとえば能、浄瑠璃などの脚本なら、導入部、展開部、結末部のこと。

りません。それを外国人が「旬のええお魚を……」とおっしゃったので、びっくりいたしました。

古川 旬ということは、本当に最近は感じられなくなりましたね。

中村 日本料理の醍醐味は、料理はもちろん、花、食器、座敷と、すべてで四季を感じられることにあると思います。幸いなことに、日本は南北に長い国で四季の感覚というものが非常に味わえる。特に京都、奈良、滋賀というのは昔から文学やらに出てくる四季の景色とよく合致するところで、日本でもちょうど真ん中でございますし、一番日本らしいところだと思うんです。しかし、肝心の日本人がなかなか日本のことを分かっていないのが残念ですね。

古川 私も外国に駐在していたことがありましたが、意外と日本の人が知らないことを向こうの方はご存じなんですね。私の持論は「もっともローカルなことがもっともインターナショナルだ」ということです。要するに、もっとも日本的なことが一番世界で通用するんですね。ですから、ご主人のおっしゃったように徹底的に追及されて、お茶でも禅でもお料理でも、それをご主人なりの形で出す、それが結局一番ではないかと思いますね。しかし、そういう文化を守っていくということは、これから難しいですね。

中村 私にはいろいろと教えてくださった師匠がいらっしゃいましたが、一番心細いのはそういう方がだんだん少なくなり、息子が教えを乞う師匠を持てなくなってきているということでございます。唯一、故無文老師をはじめ法嗣の太通《たいつう》老師ほか四老師方、また、いまの表千家*ではトップクラスの宗匠で光悦寺住職の山下恵光*宗匠に習っておりますほかにも立派な方々はおられますが、今のところ縁が熟さないのでしょう。

古川　ところで、私は三菱商事に入って今年で四十三年目になりますが、入社した頃と今とでは、全くといってよいほど中身が違う会社になっているんです。ビジネスの世界では、世の中の変化を先取りして変革し続けないと生き残れないからなんです。そうは言いながらも、変えなければならないものと変えてはいけないものがございまして、それを間違うと会社というのはつぶれてしまう（笑）。

中村　そうでございますか。

古川　もしかしたらこういうお店も、変えなければいけないものと変えてはいけないものとがあると思うんです。お店の経営というのもなかなか難しいものだと思いますが、ご主人が一番変えてはいけないと思うものは何でございますか。

中村　やはり、古来からあるお茶のセンス。これだけは変えてはいけないと思っております。それから、いまの建築、庭園、室内装飾、この一貫性。また、世界に通じる「禅の心」。総合芸術の演出ですから、これも変えちゃいかんと思います。まあ、息子と手前とは個性が違いますので、美についても見方が違うと思いますが、見方が違ったとしても、終極は同じところに落ち着くと思います。日本料理屋、また日本料理には一年、その四季月々に応じた趣向がございます。これを大切にする事。それが茶道であり、日本料理の特色です。あと、これは料亭としての姿勢でございますが、お客

---

*表千家
千家流茶道の一派。開祖は千利休の孫、宗旦の三男、宗左《そうさ》。

*山下恵光
京都光悦寺の住職。表千家家元。著書に『初風炉』『茶の工芸』など。

様の秘密になる事は絶対に守らなければなりません。

古川　なるほど。料理だけでなく、トータルとしてバリュー創出ということですね。かつて私どもも総合商社であることを非難された時期がありましたが、「総合」の看板を下ろすことなく今日に至っているのと相通じるものがあるような気がします。それにしても、これだけのお庭の手入れは大変ですね。

中村　はい、手前どもでは板前にさせております。

古川　ほう、それは素晴らしい。

中村　庭掃除がきちっとできる者は料理もできます。

古川　それも修業の場ということですね。

中村　結局、神経が細かく働くか働かないかということなんです。これだけの器に料理を盛りつけるのも、これだけの空間に石と木を置くのも一緒です。八寸の盛りつけができたら、庭園もできるだろうと思うのです。なお、社是は「一隅を照す」です。

古川　なるほど。八寸と庭とは同じですか。いや、今日はあらためて招福楼のおもてなしに触れたと同時に、料理のなかに凝縮された日本文化を拝見させていただきました。

辿り着いたは〝日本の味〟
五感をくすぐる日本料理

◉ゲスト　小倉和夫（国際交流基金理事長）

◉聞き手　和田龍幸

小倉和夫（おぐら・かずお／左）

国際交流基金理事長。昭和13年、東京生まれ。東京大学法学部、ケンブリッジ大学経済学部卒。37年、外務省入省。平成6年在ベトナム大使、9年在韓国大使、11年在フランス大使。外務省文化交流部長、外務審議官などを経て現職。著書に『グローバリズムへの反逆』『パリの周恩来』などがある。

2006年対談

外交官として在外勤務経験の長い小倉和夫さんをお招きしての料理談義は、「文学における料理」という入口から、世界一の美食国と言って過言ではないフランスの料理に、日本料理の繊細さが影響を与えているという思いがけない話にまでなった。世界各地の料理を堪能した小倉さんの「五感をくすぐる料理は日本料理が一番」との何とも力強い言葉に、あらためて日本料理を誇らしく思うとともに、その素晴らしさを再確認した。（和田）

文学に登場する料理

和田　小倉さんは在外勤務が長く、韓国、ベトナム、フランスのパリに行かれていますが、外交官のかたわら文学に描かれたパリを歩く『パリ　名作の旅』というご本なども書かれて、文化への造詣もなかなか深くていらっしゃいますね。

小倉　ありがとうございます。パリという場所は、古今、多くの文学者や芸術家の心をとらえてきた地なのですが、私が本を書いたのは、文学作品の舞台としてのパリがどんな意味を持っているのかを見極めたかったのと、読者の方にパリの魅力を伝えて、一緒に街を歩いているような雰囲気を味わってもらいたかったからです。

和田　それから今日は、小倉さんが描かれた絵も拝見していますが、この人物画にはモデルがいらっしゃるんですか。

小倉　特におりません。想像なんです。

和田　画材は油ですね。

小倉　実はですね、一部、本物の化粧品を使っているんですよ。ここの部分は口紅で、ここはアイシャドー。

和田　本当ですか。

小倉　ですから、油絵の具と違って苦労しました。何しろ、油絵というのは乾いてくれないといけないのですが、化粧品は乾かないように工夫されている。乾かすために、本当に苦労しました（笑）。

和田　もう長いこと描かれておられるんでしょうか。

小倉　若いときにちょっと描いていたんですけど、途中でやめまして、もうずっとやっていなかったんです。一九八〇年代にフランスへ行ったとき、ちょっとアトリエを借りましてね。

和田　そうでしたか。フランスへは、大使として一九九九年から二〇〇二年に行かれていますが、それ以前から親しまれていらしたんですか。

小倉　そうですね。

和田　それでフランス文学にもお詳しいんですね。では、文学に出てくる料理などにも興味がおありですか。たとえば、日本では食べ物について書くといったら池波正太郎さんなどが知られていますが、フランス文学ではどうなのでしょう。

小倉　実は、フランス文学における食事といいますか、どういうところで食事シーンになってどんな料理が出てきたか調べたことがあるんですよ。

＊モーパッサン　ギィ・ド・モーパッサン（一八五〇～九三年）。フランスの小説家・詩人・劇作家。一八八〇年『脂肪の塊』でデビュー。普仏戦争に参加した体験がその小説の背景となっている。代表作『女の一生』。

＊ベラミ　世紀末パリの退廃を描いたモーパッサンの小説。鉄道員であった主人公が、戦友の紹介で新聞記者となったことをきっかけに、上流社会の女性たちを次々と利用し、地位と財産を築いていく。

＊バルザック　オノレ・ド・バルザック（一七九九～一八五〇年）。フランスの小説家。壮大な小説群『人間喜劇』で当時の社会を写し取ろうとしたが、未完に終わる。華

和田　それはそれは。

小倉　一時期、かなり真剣に研究しまして、実際に自分で料理を再現しようとしたこともあります。例えば、ギイ・ド・*モーパッサンの小説『*ベラミ』のなかに、一種のカツレツですけど、子羊の肉を非常にやわらかく揚げまして、アスパラガスを切ったものを皿に敷いて、その上に載せる料理というのが出てくるんですよ。

和田　なかなかうまそうですな。

小倉　自宅にフランス人を招いてこの再現料理を出して、驚かそうと試みたこともあるんですよ。

和田　ほう。それはさぞびっくりされたでしょうね。ほかにはどんな作家の作品に、料理が出てきますか。

小倉　一番出てくるのは、*バルザックと*ゾラですね。二人の小説で料理が出てこないものは、ほとんどないんじゃないでしょうか。しかも、本人たち自身が食べることが好きだったんですね。ゾラなんかは、ラ・クロズリー・デ・リラというルクセンブルク公園のそばにあるカフェ兼レストランによく行っていたんです。

和田　そのレストランは今も。

小倉　ええ、残っていますよ。かつてほどの評判はないようですが、*ヘミングウェイや*スコット・フィッツジェラルドも行っていましたからね。

和田　いわゆる、文学者に好まれたレストラン、日本でいう精養軒みたいなものだったんでしょうかね。

やかな女性遍歴で知られる。

*ゾラ
エミール・ゾラ（一八四〇～一九〇二年）。フランスの小説家。自然主義文学を唱えた。代表作『居酒屋』『ナナ』など。

*ヘミングウェイ
アーネスト・ヘミングウェイ（一八九九～一九六一年）。アメリカの小説家、詩人。著書に『武器よさらば』『誰がために鐘は鳴る』など。一九五四年、ノーベル文学賞受賞。

*フィッツジェラルド
F・スコット・フィッツジェラルド（一八九六～一九四〇年）。アメリカの小説家。代表作『偉大なるギャツビー』。「失われた世代」の代表的な作家といわれる。

小倉　そこには島崎藤村*がパリに滞在しているときに行っているし、横光利一*も足を運んでいます。

和田　ちょっと場所が変わりますが、シェイクスピアの作品に登場する料理を日本の方が分析した本を読んだことがあります。鯉の料理が出てくるのですけど、鯉というのは東洋の料理じゃないかと思っていたら、当時のヨーロッパでけっこうはやっていたことを知りました。

小倉　ゾラの小説『ナナ*』に、ライン川の鯉料理シャンボール風というのが出てきますよ。それを見ますと、少々お塩とコショウをかけて、あとはバターをちょっと入れたりしてソテーするような感じですね。もちろんそこまでは書いてないのですけれども。

和田　そうなんですか。

小倉　あと、グルメといわれているのはやはりバルザックでしょうね。バルザックはたいしてお金があったわけでもないんだけど、非常にグルメ的な色彩を持った人です。コレット*なんかも小説を読むかぎりではなかなかグルメですね。

和田　しかし、文学における料理、食事というのを追っていくことには、ストーリーとは違う楽しみがありますよね。

小倉　日本で料理の話をする人は、だいたい料理を作る人か料理の専門家と称する方々で、そういう人たちが本を書いたり批判をしますね。しかし、絵を評価、あるいは鑑賞するのに絵描きの意見を聞くばかりでないのと同様、料理についてはなにも料

---

*島崎藤村
（一八七二〜一九四三年）詩人・小説家。詩集『若菜集』などを刊行後、小説に転向。『破戒』『家』『夜明け前』など自然主義文学の代表作を発表する。

*横光利一
（一八九八〜一九四七年）小説家。菊池寛に師事し、川端康成とともに新感覚派として活躍した。『機械』『日輪』といった小説のほか、『純粋小説論』など評論でも知られる。

*ナナ
高級娼婦の世界を舞台にパリの退廃した性を描く、エミール・ゾラの代表作。

*コレット
シドニー・ガブリエル・コレット（一八七三〜一九五四年）。フランスの女性作家。レジオ

理を作る人の意見を聞くだけでなくてもいいじゃないか、というのが僕の意見なんです。

和田　なるほど。

小倉　食べる人というか、むしろたとえば、和田さんのような方が料理の話をされるところに意味があるんじゃないかと思っているわけです。料理を作る人や直接料理と関係ある人ばかりが「料理の専門家」と称して料理の話をするのではだめですよ（笑）。

和田　自動車なんかでも、作る人よりはユーザーの意見が大事ですよね。

小倉　だから、文学者の書く料理の批判には、料理人や評論家にはない独特の視点があって、それがおもしろみを生むというか、私たちを楽しませてくれるんです。

和田　モーパッサンの子羊のカツレツ、ぜひ食べてみたいですね。どこか、日本のレストランでも再現してもらえないですかね（笑）。

フランス料理の魅力とは

和田　ところで、「世界の三大料理」という言い方をよくしますが、美食の街・パリをはじめ各国で料理を堪能された経験から見ていかがですか。

小倉　世界の三大料理というのはおもしろくて、例えばメキシコ人に聞くと「中国料理とフランス料理とメキシコ料理」と言うし、トルコ人はトルコ人で「フランス料理と中国料理とトルコ料理」を挙げるんです。

ン・ドヌール・シュヴァリエ賞、ベルギー王立アカデミー賞など多数受賞。代表作『ジジ』『青い麦』など。

和田　いずれにしろフランスと中国は入るんですね。

小倉　しかし、イタリア人にたずねると、「当然まずイタリア料理だ」と答える。しかも、イタリア人はパリに来ても絶対にフランス料理を食べないんですよ。

和田　そうなんですか。

小倉　「あんなまずいもの食えるか」って（笑）。イタリア人に言わせると、フランスはソースを使いすぎて、素材の良さがなくなっているというわけですよ。

和田　なるほど。「フランス料理と中国料理は素晴らしい」というような全世界的に認知されている部分もあれば、各国それぞれ主張もあるわけですね。

小倉　なぜあんなにフランス料理がもてはやされるのか、なぜフランス人は食通とされるのか、いろいろな人に意見を聞いてみたんです。もちろん、ルイ王朝に代表される貴族社会があり、華やかなベルサイユ宮殿があって、確かに食文化を発達させる素地はあったと思うのです。それから、パリやロンドンで大活躍した料理長、オーギュスト・エスコフィエ*みたいな人もいましたしね。しかし、そうだとしたらイギリスにだって王室はあるし、ドイツにはハプスブルグ*という立派な王朝があったわけです。

和田　ロシアにも大宮廷がありました。

小倉　そうです。つまり、貴族社会があって王室があればみんな食通になるかというとそうでもないわけでしょう。となると、やはり気候の問題もあると思うんです。ロンドンやモスクワは、周知の通り寒くて野菜も果物もそんなに豊富じゃない。葡萄《ぶどう》だって栽培できないから……。

---

*エスコフィエ
オーギュスト・エスコフィエ（一八四六～一九三五年）。フランスのシェフ。フランス料理発展の基礎を築いた人物として、尊敬を集める。

*ハプスブルグ
ヨーロッパ王家を代表する名門のひとつ。中世から、オーストリア大公国、神聖ローマ帝国、スペイン王国など数多くの国王が、一族から輩出された。マリア・テレジア、そしてマリー・アントワネットもこの一族の出身である。

和田　なるほど。ワインが作れない。

小倉　そういう意味ではやはり、フランス、そしてイタリアなんですよね。もう一つ、プロテスタントとカトリックの違いもあると思います。カトリックの人はなんて言いますか、快楽主義というとちょっと語弊がありますが、食事やお酒を通じて生活を楽しむ向きがありますね。

和田　ちなみにイタリア人の挙げる三大料理は、イタリアとあと二つはどこですか。

小倉　イタリア人はあまり三大料理とは言いません（笑）。そもそも、「イタリア料理」というものがないんですよ。ベネチア料理があり、ナポリ料理があり、南北でも違うわけですからね。イタリアという国が、ご承知の通り十九世紀までなかったわけですから。だから、「イタリア料理」というのは、本当は郷土料理なんでしょうね。

和田　中国はいかがですか。

小倉　よく言われるのは、中国では三大料理ではなくて二大料理。中国とフランス。ベトナムなんかでもそうですね。だから「三大」とするときはだいたい中国・フランスは自然と入って、あとは自国を三番目に入れるわけですね。

和田　小倉さんご自身が「三大料理」を選定するとしたらどうですか。

小倉　どういう観点で見るかによりますけど、やはり繊細さ、美的な感覚とか、それから素材の生かし方ですかね。そうするとやはり日本料理と広東料理、それからイタリア料理ですね。イタリア料理もボロニアとかあの辺りですね。この三つが素材を生かした本当の料理らしい料理だと思うんです。

和田　フランス料理は入りませんか。

小倉　やはりソースを使いすぎますから、ちょっと人為的で（笑）。ただそのぶん、高級感がありますね（笑）。

日本料理礼讃

和田　いまは世界中で日本の料理がもてはやされているというか、見直されてきているようですけど、あらためて日本料理の魅力って何でしょうね。

小倉　フランスの料理人が日本に来て一番驚くのは包丁の使い方みたいですね。片側だけを使ったりしますから。

和田　確かに、外国で食べる刺身の味は違いますからね。包丁の違い、使い方の違いかもしれません。フランス料理に日本料理の影響はあるんでしょうか。

小倉　いわゆるヌーヴェル・キュイジーヌ*に、いろいろな影響があると思います。一つはやはりプレゼンテーションの仕方ですね。例えば、お皿をいちいち換えること。昔はフランスではお皿にそんなに凝りませんでしたし、凝っても要するに同じお皿なんです。ですから、料理に合わせてお皿の柄や形をアレンジしたりするというのは、やはり日本の影響でしょうね。和食は器と料理の関係を大事にしますでしょう。きれいなお皿はフランスにもたくさんありますが、料理との関係でそれをマッチングさせていくという感覚は、日本の影響ですね。

*ヌーヴェル・キュイジーヌ
フランス語で「新しい料理」を意味する。伝統的な料理にはないカジュアルさを取り入れ、一九七〇年代にフランスで流行した。

和田　明らかにそうでしょうね。

小倉　それからもう一つは、料理の色の出し方ですね。これが絵のようにきれいで、ごてごてしない。

和田　やはりフランスは、昔はごてごてしていましたか。

小倉　ええ。それがすっきりとしたプレゼンテーションになってきた。それと、素材を生かすようになった。そのあたりは日本の影響だと思いますね。

和田　素材そのものが持っているものを生かそうという動きがあるんだと思います。

小倉　素材を生かすということはとても難しいことだと思います。極端なことを言えば、そのまま出してしまえばいいわけですから。そうすると、あまり洗練されていないという印象を与えますでしょう。だから、素材を生かしながら極めて洗練されたものであるという印象を与えるのは、至難の業だと思います。ソースをいっぱいかけてきれいに作れば、なんとなく手がかかっているという気になりますからね（笑）。

和田　そういう意味では、日本の料理は素材の活きを大事にしていますから非常に贅沢な食べ物ということでしょう。

小倉　お鮨屋さんは、世界最高の贅沢は鮨だと主張します。確かに、客が注文するそばからつくって出していくわけですから贅沢ですよね。目の前で調理する鉄板焼きや天ぷら、お鍋なんかもそう。

和田　厨房を見せるレストランとか。

小倉　昔はなかったですね。作っている人と食べる人との間の、距離感覚の変化なんでしょうかね。

和田　食べる人の顔を見ながら調理するというか。そう言えば、フランスの大統領は招いた人に応じてワインを選ぶと聞いたことがあります。ある日本の総理が行ったときはランクの低いワインが出たとか出ないとか……。

小倉　まあ、ワインというのは食事に合わせて出すものですから。ただ、出すほうから言うと、価値を評価できない人にいいものを出しても……というのはあるかもしれないですね。

和田　要はもてなしということですね。

小倉　例えば、私がパリにいた九二年だったと思いますが、パリの日本文化会館のオープニングに今はもうご結婚された紀宮様が来られたのです。そのときエリゼ宮*で開催された午餐で出されたお皿は、全部鳥の模様だったのですよ。

和田　ほう。

小倉　つまり、紀宮様は日本野鳥の会の名誉会長でしたから、それをちゃんと考えて出されたんです。見事な演出で、これには感心しました。

和田　そういうもてなしは、まさに日本の茶懐石*に通じますね。

小倉　やはり何と言っても日本料理における五感、視覚・味覚・嗅覚・聴覚・触覚をくすぐる工夫というか、そういうものには感心しますよね。そこのところを指摘する人は意外と少ないと思うんですけど、例えばお箸。お箸で刺身をつまんだりすると、やはりなんとなく魚の肉の感じが手から伝わってきますよね。それから、汁ものなん

---

*エリゼ宮
シャンゼリゼ通りに面した、現在のフランス大統領官邸。一七一八年にエヴェール伯爵のために建てられた。その後、ポンパドゥール夫人や、ナポレオン妃ジョゼフィーヌが住まいとしていたことでも知られる。

*茶懐石
茶の湯の席で茶をすすめる前に出される料理。味付けや量にも心を配り、絶妙の間合いで供される。

かでも日本の場合はお椀を手にとりますでしょう。やはりスープの温かみが伝わるんですよね。

和田　味だけではないんですよね。

小倉　食感、「こりこりしている」というのは音ですね。音を楽しんでいるわけです。そういうふうに、五感をくすぐる料理としては、世界広しといえども、日本が一番じゃないですかね。

和田　ぐるりと巡って〝日本の味〟に辿り着いたわけですな。世界各地へおいでになった方からのお墨付きとなれば、日本中の料理人が喜ぶと思いますよ（笑）。

受け継がれる味のバトン
静岡食文化考

◉ゲスト　村松友視（作家）

◉聞き手　古川洽次

村松友視（むらまつ・ともみ／右）

作家。昭和15年、東京生まれ、静岡育ち。祖父は作家の村松梢風。慶應義塾大学卒業後、中央公論社に入社。吉行淳之介らの担当編集者となる。エッセイ『私、プロレスの味方です』がベストセラーに。『時代屋の女房』で直木賞を、『鎌倉のおばさん』で泉鏡花賞を受賞。

2006年対談

静岡おでんで評判の「三河屋」さんへ、ご常連である作家の村松友視さんに連れて行っていただいた。静岡というと、ひと頃まではお茶かミカンというイメージだったが、実際には様々な食文化が花開いた地であった。それは、生活の中から生まれた創意工夫であったり、偶然が生んだ美味珍味だったり、要するに一つの「歴史」なのだ。全国的に有名でなくても、地道に受け継がれる確かな味のバトン。今回はそんな料理を堪能した。

（古川）

元祖ファストフード

古川　家庭的な雰囲気のお店ですね。古くからあるんですか。

村松　昭和二十三年に、先代が屋台から店を始めたといいます。ここらでは一番古いんじゃないかな。

古川　村松さんは静岡のお育ちですけど、このお店にはいつ頃から。

村松　直木賞をもらった後に、静岡高校の大先輩、山川静夫さん（元ＮＨＫアナウンサー）に静岡の街で何軒もご馳走になって、「じゃあ、今度の店は私がおごりますから」と、たまたま入ったのが初めて。だから、すごく安く済んで助かった（笑）。直木賞をもらったのは一九八二年だから、ここももう二十三、四年。おでんの他に揚げものと炭火の焼きものがあって、まずは蓮根を焼いてもらいましょう。あとは、静岡名物黒はんぺん。

古川　すごく大きな蓮根ですね、これを焼いて食べるんですか。
村松　これがうまいんです。
古川　静岡のおでんというのは独特ですよね。
村松　そうそう、串に刺してある。で、味噌を付けて食べるのがひとつのスタイルです。
古川　汁は何ですか。
村松　出し汁は牛すじとかの肉なんかで取って、濃口醤油を使うから黒い。それで、鰹節とか鯖とかのだし粉と青海苔をかけて食べたりもする。関東や関西なんかには、こういう食べ方はないなあ。日本の食文化って面白いですよね。
古川　最近、仕事で中国の上海へ行ってきたんですけど、上海で今、おでんがブームなんです。
村松　へえ。
古川　これが面白くて、実は九六年にコンビニエンス・ストアのローソンが進出したとき、「日式煮物」ということでおでんを始めたのですが全然売れなかったんです。なぜかと言うと、中国には「煮る」という文化があまりないんです。
村松　なるほど。蒸すか、焼くか、揚げるかというのが主ですね。
古川　そうなんです。私の知る限りで煮るものとしては、「お茶の葉で卵を煮る」という料理があるんですけど、それだけ。ただ、彼らは基本的に冷たいものを食べませんから、温かいものは売れるはずだと見込んで、「熬点（ao dian）」と名を変えて、しかも串に刺して売り出したら売れ始めたんですね。

村松　それはまさに静岡おでんのスタイルじゃないですか。

古川　今、上海だけでローソンは約三百店あるんですけど、串刺しおでんを食べながらビジネス街を闊歩するのが上海のエリートなんです。

村松　一種のファストフードですね。

古川　そういうことなんです。これは意外でしたが、当たりましたね。串一本が一・五元ですから、中国人にとっては高いわけですよ。それが今、普通の店で一日二百本ぐらい売れています。つまり、ローソンだけで一日六万本ぐらい。

村松　具の種類は。

古川　二十五種類ぐらいありますかね。ほとんど日本と同じです。ただ、面白いのは、上海のベストセラーは卵なんです。卵とつみれ*。それからもう一つ、豚肉をミンチにして腸詰めにしたウインナーみたいなもの。その三つが売れ筋ベストスリー。一方で、日本人に人気のコンニャクはまったくだめでした。

奥ゆかしい静岡人

古川　これが有名な黒はんぺんですね。

村松　僕ね、静岡の人が謙虚だと思うのは、静岡においては黒はんぺんが「はんぺん」なわけですよ。ただ、全国的には白はんぺんがはんぺんということになっているのをわきまえていて、これを「黒はんぺん」とあえて言うんですよね。地元の人は〝はん

*つみれ
魚のすり身に卵など加え、調味料をまぜて小さくちぎって茹でたもの。

べ〟といいますが。

古川　ああ、「はんぺん」と言えば黒はんぺん、というのではないんですね。

村松　そう。土地柄的にも地理的にもちょっと気分は江戸だから、そういう全国区はどこかで受け入れて、あえて静岡独特のものとして「黒はんぺん」と言う。名物なのに、どこか引いているというか謙虚というか。

古川　確かに、奥ゆかしい（笑）。

村松　しかし、なんかそういう、ローカルを誇らないところがあるんだな。逆に言うと、ローカルがあまり大事にされない土地柄なのかもしれない。

古川　静岡のローカリティーと言われてみると、何だろうと思いますね。だいたい、静岡県と言っても、西の浜松、それから静岡市、さらに伊豆と、全く違うじゃないですか。だから「静岡」と言われても、何となくアイデンティティーを特定しがたいところがある。

村松　屋台があってワアッと賑わっていた戦後の風景と、江戸が百万人で駿府が十五万人ぐらいあったときのガシャガシャした都市の感じは通じるものがあって、何と言うか、駿府的なんですね。たまにそういう、「ここは駿府だな」と思うような店があるんですよ。小料理屋とか、A級B級でいったらB級風の店に多いんだけど。

古川　駿府的ねえ。

村松　でも、料亭はすごい。だって、徳川慶喜*の屋敷跡が「浮月楼」という料亭になっちゃっているんだから、これはA級です。作家の直木三十五が売れっ子の頃の話なん

＊徳川慶喜
（一八三七～一九一三年）江戸幕府最後の将軍。明治維新後、公爵として静岡で余生を送った。

＊興津
現在の静岡市清水区にある海寄りの町。江戸時代、東海道の宿場町として発展。明治以降は避寒地として別荘などが建ち並ぶようになった。

＊羽左衛門
一五代目市村羽左衛門（一八七四～一九四五年）。戦前の歌舞伎界を代表する名優。屋号は「橘屋」。美貌から「いい男の羽左衛門」などと呼ばれ、絶大な人気を博した。

＊菊五郎
六代目尾上菊五郎（一八八五～一九四九年）。大正・昭和期の歌舞伎

ですけど、大阪や京都に行った帰りに、必ず静岡で降りて寄っているんですね。なぜかというと、八重千代さんという全国的に美人で知られた芸者さんがいて、その人に入れあげていたからなんですけど、それで通った場所が「浮月楼」。とにかく、よそからも注目される文化が昔はあったんですよ。*興津《おきつ》には水口《みなぐち》屋という旅館があって、そこへ十五代目（*羽左衛門）や六代目（*菊五郎）が避寒に来て、ただ休んでるだけではつまらないということで、静岡の劇場で歌舞伎をやっている。あと、*弥次喜多（『東海道中膝栗毛』）なんかにも出てくるけど、昔から色街もあった。

古川　これ、ちょっと見てください。私の三代前の祖先の通行手形なんです。*徳川家《いえ》達《さと》にくっついて無禄移住するときに、当時はもう東京に変わった直後ですけども、女性が移動するときにはまだ手形が要ったんです。古川甚之助、これが私の祖先ですけど、その妻女や息女三人が東京から駿河面《おもて》へ通行つかまつる、という文面。

村松　なるほど。

古川　それで、どこに上がったかというと、*清水港に上がっているんです。一八六八年（慶応四年・明治元年）ですね。

村松　まだ次郎長が生きている時代だ。しかし、明治になっても、女性にはまだ手形が要ったんですね。

古川　それでこのときに、郵便船というアメリカから買った船を徳川家が借り受けて、要するに無禄移住でもいいからって付いてくる人を募って、男は徒《かち》、馬で陸上を行って、女子どもは二千三百人ほど乗せて、品川沖から清水港まで二日間ぐらいで移動し

役者。屋号は「音羽屋」。初代中村吉右衛門とならんで、菊吉時代を築いた。

＊弥次喜多
十返舎一九の『東海道中膝栗毛』に登場する栃面屋弥次郎兵衛と食客喜多八のこと。珍道中を繰り広げる二人組みが愛着をこめて、こう呼ばれるようになった。

＊徳川家達
（一八六三〜一九四〇年）徳川宗家一六代当主。明治維新後、第四代貴族院議長や、日本赤十字社の社長などを務めた。

＊清水
静岡県中央部の駿河湾沿いの港湾都市。茶の輸出港として発展をとげた。

たんです。

村松　いや、知りませんでした。ぼくもその中に入るんですけど、静岡というのは土地の歴史に執着しないところがあるんですよ。

古川　通過地点だからかな。

村松　何でも食えるし暖かいし富士山はあるし……ハングリーの必要性がない。

古川　やはり、静岡人は奥ゆかしいんでしょうかね（笑）。

コンプレックスが生んだ味

古川　今から十年ぐらい前かな、清水から日本平*へ上がった帰りに、ミカンを売っている店があって、そこのおばちゃんが、「南斜面で潮風を浴びた小粒がおいしい」って言うんですよ。皆さんはご贈答用に大きいのをと言うけど、大きいのはおいしくない、というか、大味で。

村松　ミカンは清水側ですよ（笑）。僕らは清水の小学校から日本平へ遠足に行って、頂上で解散になるとダーッとミカン畑を走って下りて、適当に色づいたやつを木からもいで食べながら帰ったわけです。つまりそれは、一番うまいミカンを食ったってことですよね。

古川　そういうことですよ。

村松　だから、静岡側から日本平に遠足に行ってもだめ。初めて発見したな、これ。

＊日本平
清水市と静岡市にまたがって広がる有度山の山上。平坦で富士山の眺望が楽しめる観光地。

静岡に対するコンプレックスが一つ消えた（笑）。

古川　コンプレックスがあったんですか。

村松　僕は小学校へ入る二年ぐらい前から高校卒業まで清水で過ごしているんです。完全に清水製なんですよ（笑）。

古川　静岡とは違うんですね。

村松　電車で二十分ぐらい走ると着くんだけど、静岡はやっぱり城下町なんです。清水は次郎長*の港町ですからね。だって、静岡に行くとサージのズボンをはいたやつがいるとか、弁当におかず入れなんかもついちゃって（笑）。

古川　いや、分かりますよ（笑）。

村松　当時はそういう感じで静岡を見ていたんだけど、今は逆に、清水が持っているローカル性をいいなと思うし、その方がおしゃれだなと感じることが多いんです。

古川　いま、全国的に平均化されてきてますから、ローカル性は大事ですよ。

村松　清水に「イルカのたれ」という、イルカの血合い*に塩をして干したのがあるんです。静岡の人もイルカを食べるんだけど、これはね、静岡にイルカの肉を売ったあとに、残った部分を清水の漁師が焼いて食べたんですよね。

古川　なるほど。

村松　だから、静岡の人はイルカのたれを食べない。食べる習慣がない。僕は中学のときに弁当のおかずにイルカのたれが入れてあると、「おまえよく石炭みたいなものを食うなあ」なんて言われて。真っ黒なんですよ。それくらい民度というか、土地の

＊次郎長
清水次郎長（一八二〇〜九三年）。侠客。米商から博徒になった東海一の親分。開墾など社会事業にも取り組んだ。

＊血合い
背骨のそばにある赤黒い色の部分で、血流をたくさんふくんでいる。

においが違うんですよね。

古川　上肉は静岡に送っちゃって、あとを食べるという話は、ポルトガルがモツを食べるようになったのと同じですね。大航海の船にいい肉を積んで、残った臓物をポルト*の市民たちが食べたと。それがモツを食べる始まりだったとか。

村松　でも、ポルトガルの人はそれを文化として成立させたわけでしょう。清水にはその気分がない。そうっと食ってるんだもん。弁当なんか、のぞき込まれるのを隠したりして（笑）。

古川　食べ物って工夫、意外性だと思うんですよ。これをやったらおいしいんじゃないかなという、一つの発想。

村松　ここの店にも意外性プラス廃物利用の逸品が（笑）。それからこの辺りの、相《さが》良《ら》のサワラの菰塩《こもじお》も。

古川　相良というと田沼意次*の。

村松　江戸にいる殿様の田沼意次にサワラを献上するということになって、一尾三・五キロぐらいあるのを持っていく工夫として、骨を残したまま三枚におろして塩をして、その周りを藁でグルグル巻きにして、さらに太い竹ひごで括って運んだんだけど、運んでいる間に藁と塩の効果で発酵するわけですよ。江戸に着いたころには得も言われぬ味になる。そのままスッと切って食べると、それだけでものすごくうまいんです。

古川　おいしそうですねえ。

村松　別にそういう味を出そうとしたわけではなくて、何とか工夫して江戸まで届け

***ポルト**
ポルトガルの小都市。大西洋に面し、大航海時代に多くの船の母港となった。「ポルト」とは「港」を意味する。

***田沼意次**
（一七一九〜八八年）江戸中期の幕臣。小姓から身を起こし、将軍家重、家治に仕え栄進する。一七七二年、老中となり、積極的な経済政策で実権を握った。家治の没後、失脚。

ようと思ったら、そういうものができたと。だけどやはり、それを得意になって広めようとしない土地柄なんだなあ。静岡の人でもほとんど知らない。あれは、昔の流通が成り立たせた味なんですよね。今の流通では成り立たない。

古川　今は、コンスタントにある程度、量と質が安定して供給されないと、食材として商品になりにくい時代になっているんです。そうでないと隅々まで流通しないという問題が出てくるものですからね。生活のレベルを底上げするにはそれが役に立ったわけだけれど、底上げだけでは文化の花は咲きませんね。

文化は継ぐもの

村松　ああ、出ましたよ。僕にとっては焼いた蓮根が表の主役なんだけど、これが裏の主役。誰にも注文されずに残ったおでんのコンニャク、もう真っ黒くなっちゃっているやつをフライにしたもの。さっき言った廃物利用の意外性の逸品。

古川　ほう。

村松　いろいろな具の味を吸って、コンニャクの感触だけ残っているんですよ。最初に出されたときには、何だか分からなかったですね。これも、このおでんの鍋の中にそういう運命のコンニャクがないとできない（笑）。もっとも最近では、ご主人があらかじめちゃんと仕込んでおいてくれているみたいだけど（笑）。

古川　このおでんの汁って、注ぎ足ししているんでしょう。

村松　今年で五十九年目だそうです。

古川　そういう文化というのは、なかなかないですねえ。ちょっと食材の話になりますけどね、日本は食糧の自給率が四十パーセントですから、ほとんど外国産なんです。料理屋さんも、ちゃんと仕入れるところもあるけど、平均的なところでは輸入品が結構多いんです。

村松　できあがっているものをぽんと出す店も増えたし。

古川　そういう世の中になってしまったのは寂しいですけど、仕方がないんですね。やはりある程度、平均的に底上げしようと思うと、そうせざるを得ない。日本食の代表みたいな蕎麦だって自給率三七パーセントで、ラーメンは三割。

村松　「遠くへ行きたい」という旅番組で、伊丹十三*さんが演出して、理想の食材を集めてきて親子丼を作って、親子丼の元祖を父に持つ山本嘉次郎さんに食べてもらうという回があったんだけど、あのとき、いかにも伊丹さんらしい面白さだと思ったんですよ。厳選食材で作ったものは、当然そんなにまずくないわけですよ。でも、そういうものだけではないと僕は思ったんですよね。つまり、このフライはその正反対なわけ。理想の食材と正反対だけど、うまいんですよ。

古川　一方で、例えば、コンビニのおにぎり。今、おにぎりは日本中で一日に一千万個ぐらい作られているんです。材料も厳選しているし、ご飯の炊き方も工夫しているので美味しくないわけがない。衛生管理も厳重だし、冷めても美味しいようにきちんと調理されている。おにぎりはおふくろの味というイメージなんだけど、おふくろの

---

*伊丹十三（一九三三〜九七年）昭和期の映画監督、俳優。俳優として大映に入社。五三歳で映画監督に転進、『マルサの女』『ミンボーの女』などヒット作シリーズを生み出す。

味をイノベーションで超えたと思ってます。でも、さすがに母親の愛情までは握りきれてませんけどね。

村松　でも、途中のこと、味以外のことが軽視されて消えていくわけですよね。主婦が包丁を持たないことによって、親から子へ伝えられないとか。

古川　つまり、文化というのは、継いでいくところが大事なんですよね。ここのおでんの汁みたいにね。

村松　全国区にならなくても、地元にしっかり残したいですよね。静岡人は一見謙虚だけど、実は案外しっかりしているのかもしれないですね。いやとにかく、分かりにくい土地柄でスミマセン（笑）。

リンゴ一個にも絵描きの矜持

◉ゲスト　中島千波（画家）

◉聞き手　和田龍幸

中島千波（なかじま・ちなみ／右）

画家。昭和20年、長野県小布施町生まれ。東京芸術大学大学院修了。昭和44年、院展に初出品、初入選。平成6年、東京芸術大学美術学部助教授、12年より美術学部デザイン科教授。歌舞伎座の緞帳、深川不動尊内仏殿格天井画なども手掛ける。

2006年対談

日本画家の中島千波氏といえば、多彩な画題、画法、そして革新的な活動で知られている。新しいことに果敢に挑戦しながら、一方で、身近な花や食材をあたたかく描いた絵も多い。今回いろいろと伺って、中島氏が絵を通して「人間」を追求していることを強く感じた。セザンヌのリンゴやゴッホのひまわりのように、中島氏の桜や栗やマスカットは、一つの世界観、価値観、絵描きの矜持を示しているのだ。（和田）

なぜ日本画家になったか

和田　略歴を拝見すると、中島さんはちょうど第二次世界大戦が終わった昭和二十年に、長野県の小布施《おぶせ》＊で生まれておられるんですね。

中島　ええ。両親が疎開していたときだったんです。三歳の時に父親のアトリエがあった横浜に戻ってきています。

和田　お父様の清之さんも日本画家。

中島　私は、年取った両親にたまたまできた子供なんです（笑）。一人亡くなっていましたが、子供が四人いましたから。

和田　千波というのは雅号ですか。

中島　いえ本名です。しかも、それまで上の三人は、父の友人で僧侶をしている人に頼んで名前を付けてもらっていたのですが、僕だけ違う。

＊小布施
長野県北東部に位置する町。葛飾北斎の美術館や、歴史的な町並みを活かした観光産業によって知られている。

和田　では、どなたがお付けになったのですか。

中島　母親です。お袋の旧姓は百瀬《ももせ》、ヒャクセと書いて、そっちの親戚は、みんな〝千〟が付いているんです。

和田　ははあ。百だから千ですね。

中島　千冬とか千春とか、大体女の子ですけど（笑）。それで、千の波だけ使っていなかったのを思い出して付けたんです。

和田　画家になられて、お名前から女性と間違われませんでしたか。

中島　ほとんど女性だと思われますね。いまでもたまに言われますから（笑）。

和田　二人のお兄様も美術系に進まれているんですよね。

中島　長男は油絵を描いていて、現代アートみたいなのをやっています。二番目は美術評論。僕だけが日本画風といいますか、絵の具は日本画のものを使って描いていますから、まあ、継いだといえばそうなるのかな。二代目ですね。

和田　お父様の影響を、やはり受けられてるんでしょうね。中島さんの絵を拝見すると、あまりに多彩な画題と画風に驚かされます。

中島　そうですね……父親もいろんなテーマで描いていましたね。あとは、やはり絵の具のたらし方など大きな技法という意味で、父の影を感じるときがありますね。若い頃は父の世代の古めかしさに反発したりもしましたが、年齢を重ねるごとに影響を強く感じるようになってきました。

和田　中島さんがいろいろなことに挑戦する、革新的な日本画を描かれるのはどうしてですか。

中島　僕が好きだった日本画家に速水御舟《はやみぎょしゅう》*という人がいるんですけれども、やはり非常に新しい絵というか、いろんなテーマのものを次々と、様式を変えながらやっていった人なんです。その影響と、あとはやはり僕が絵を学び始めた頃の時代でしょうね。

和田　一九六〇年代の半ばから七〇年代ですね。ベトナム戦争や、学生運動、唯物論的なものの考え方に多少なりとも影響を受けられたとお聞きしましたが。

中島　人間にとって一番大切なものは何かと考えたときに、戦争に対する一つの憤りがありましたね。それから欧米から入ってきた、新しい芸術のイズムによる影響はすごく強かったです。

和田　でも、画法というか、画材としては日本画を自然に選択された。

中島　日本画家になろうとは全然思ってなかったんですけれどもね（笑）。コンテンポラリーというか、いまでいう前衛的な方向に行こうかなと思っていたんですが、やはり父がやっていたから親しみがあったというのと、日本画の古い部分を新しくしようかな、なんて生意気な考えを持ったりしていて、そういうところから日本画にズッポリと入ってしまった。

和田　なるほど。お父様が手掛けていた横浜・三溪園*の襖絵を継がれたときはいかがでしたか。

中島　父が七十歳を過ぎて受けた仕事で、五室目まで描いて体をこわし、完全には描けなくなってしまって、僕にお鉢がまわってきたんです。それで、父が決めていたテー

---

*速水御舟
（一八九四～一九三五年）大正、昭和初期の日本画家。日本画の近代化に力を注いだ。代表作、『炎舞』『名樹散椿』。

*横浜・三溪園
実業家で茶人の原三溪（一八六八～一九三九年）が開いた。一九〇六年より公開され、一七万平方メートルにおよぶ広大な敷地内に、国の重要文化財を含む、貴重な建築群を有する。一九五八年、横浜市に寄贈された。

マを土台にして六室目を描きました。あの仕事のおかげで、新しいモチーフを得られましたね。それまで相容れないものがあった父の絵の世界に少し歩み寄って、そこで自分の世界を作っていこうという思いを持ちましたから。

和田　一九九二年に開館した小布施の美術館で、開館企画展として「中島千波・清之父子展」もなさっていますね。

中島　おかげさまで、いまでは「おぶせミュージアム・中島千波館」として千点ぐらいの絵やスケッチを置いていただいています。僕が亡くなったあとでも、資料として残しておいてくれればと思っているんです。

和田　小布施といえば栗で有名ですね。

中島　ええ。今日も栗をたくさん送ってもらったんで、栗ご飯を炊いたところなんです。

和田　ご自身で料理されるんですか。

中島　少しぐらいは。

和田　小布施は過疎化のすすむ町の再生に成功して、全国的にも注目されましたね。

中島　*葛飾北斎を何度も小布施に招いて絵を描かせた*高井鴻山という陽明学を勉強していた人がいまして、その末裔の町長さんが役場と地元の商業者とをうまく組ませて町の再生をしたんです。北斎の天井画や肉筆画が残っていたこともあって、アートの分野で僕も小布施に関わる画家として参加しています。

---

*葛飾北斎
（一七六〇～一八四九年）江戸時代を代表する浮世絵師。生涯に三万点にのぼる作品を残した。海外でも高く評価され、印象派の画家たちに影響を与えたことでも知られる。

*高井鴻山
（一八〇六～八三年）陽明学者。攘夷論、公武合体論を主張。維新の後、高矣《こうあい》義塾を開いた。

食べるは二の次

和田　本の装丁画や雑誌の表紙画、新聞の連載小説の挿絵などのお仕事も、ずいぶんなさっているんですね。

中島　新聞連載は勉強になりますね。風景や静物とは違って、登場人物の背景や歴史など勉強をしないと描けないですから。作品の中から音を感じ取って抽象的なものを描いたこともありました。

和田　料理雑誌の表紙もありましたね。素材集めが大変だったでしょうね。

中島　月刊を三年やりました。食材をということで季節のものを描いていたんですが、ある時、鮎の稚魚を描いて渡したら、鮎の解禁は六月ですからって描き直しさせられました（笑）。

和田　そういえば、リンゴをスパッと切ったのを描かれた絵もありますよね。

中島　一個と半分とさらにその半分とかね。いま面白いことをやっていて、音楽に関係したものと食材を組合わせるこころみをしているんです。例えば、ベートーベンの「G線上のアリア」にマスカット。

和田　ブドウですか。

中島　まず単純に、マスカットが綺麗だなあと思って。ブドウは以前から描いているんですけど、ブドウはへたから外すと音符みたいなんですよ。

和田　なるほど。

中島　二分音符。全音符だと、へたがない。そういうイメージで「G線上のマスカット」という絵を描いたり。

和田　なるほど（笑）。ほかには。

中島　シューベルトの未完成交響曲。

和田　ミカンセイ……。

中島　そう、ミカン（笑）。ミカンは小さくて葉っぱがごちゃごちゃしてて、あんまり形がよくなかったんで、デコポンを取り寄せて描きました。枝つき、葉っぱつきのものを五つ描いて、未完成交響曲ならぬ「ミカンセイ五重奏」。

和田　いや、楽しい。

中島　それで、いま描き始めてるのがモーツァルトの「アイネ・クライネ・ナハトムジーク」。「あ、稲、クラ、稲」で稲。それと鳩。

和田　一種の遊び心ですね。

中島　稲も一本ずつは箒《ほうき》みたいで面白いし、連音符みたいに連なっている。

和田　描かれるときは、そういう食材とか、つまり素材が先にあるんですか。

中島　八百屋に行くと、白いタマネギや赤いタマネギ、ピーマンなんかも色がいっぱいあるから、静物画として面白いな、とかいうことはありますね。僕の場合、食べ物の素材はほとんど到来物（笑）。頂戴すると先ずスケッチするんです。

和田　なるほど。私たちが「旨そうだ、食べたい」と思うのとは、やはり違うんですねえ。エッセイにお父様はスケッチがとにかく巧かったと書かれていましたけど、スケッチというか、ものを観察することは絵描きの基本なんでしょうね。

中島　それはもちろん、日本画は外で取材スケッチしたものをアトリエで再構成して描きますから。学生の頃、「絵描きにとって写生は宝、暇があれば自然を観察して写生をしておけ」と耳にタコができるくらい親父に言われました。父は旅行はもちろん、パーティー、結婚式、電車の中でも、小さな帳面に鉛筆を走らせているスケッチ魔でした。

和田　花の絵をたくさん描かれていますけど、それこそ花の命は短いですから、スケッチは重要ですよね。

中島　たまたま家に咲いた花でも、すぐにスケッチします。とにかくスケッチして、置いておくんです。いつか使えるときを待って、だから頭の中にいつも置いてある。

和田　日々の生活と絵を描くことは密着しているんですね。

中島　魚が面白いなあと思ったら、鮎も鯉も描いておくし、大きな鯛を貰ったら勿体ないから食べる前に描いてしまう。でもやはり、精神的なものとしてはすごく大事なことなんです。

本物を超える

和田　中島さんといえば桜の絵。例えば醍醐寺*の桜の絵は、正直に申し上げると私が実際に見た桜とずいぶんイメージが違いました。あれはやはり、まず見て、それから

＊醍醐寺
京都府伏見の醍醐山にある寺。真言宗醍醐派総本山。八七四年、聖宝理源大師によって開かれた。醍醐天皇の庇護により発展し、豊臣秀吉の「醍醐の花見」が行われたことでも知られる。国宝五重塔は京都最古の塔。

イメージで描かれるんですか。

中島　そうですね……。

和田　写生じゃないですね。

中島　いや、写生するんです。一本の木に一日か二日、早朝の六時くらいからスケッチするんです。朝から、だいたい午後二時ぐらいまで、七～八時間くらい現場にいて、相当の数のスケッチを描きます。

和田　そんなにスケッチに時間をかけられるんですか。

中島　四隅から全部描けるし、三時間くらいで五〇号大～一〇〇号大の大きいのを描きますよ。

和田　繰り返し同じ木を何年もスケッチされているんですね。

中島　僕は、四～五百年から千年くらいの古木だけを描きたいと思っていて。まだテレビで全国夜桜中継なんかしていない頃から、毎年桜の時期はスケッチに出かけています。

和田　桜というのは、わずかの間に咲いて散ってしまう。そしていつかは枯れていく。そういう意味では大事な記録でもありますね。

中島　そうやって記録にとっておいて、大きな屏風にでも残していけば、それはそれなりに面白いんじゃないかなと思って、もう二十年以上もやっていますね。

和田　国内のめぼしい桜はほとんどまわられましたか。

中島　そうですね。僕は桜の時期には家にいない、つかまらないとよく言われます

（笑）。でも、以前は桜の絵はあまり好まれないというか、需要が少なかったんですよ。

和田　そうだったんですか。

中島　昔はどこの家にも当たり前のように床の間があって、季節の軸が掛けてあったでしょ。裕福な家は何点も絵を買って時々掛け替えては楽しんでいたけど、一般庶民は四季に応じた軸が最低四本あればよかった。桜なんて時期の短いものは、不経済で好まれなかったんです。画商さんも、売れないものだから嫌っていました。

和田　床の間にはやはり日本画ですものね。それにしても、床の間を持つ家ももう少なくなりましたね。

中島　日本画は、伝統的に四季を感じるものが意外と強いんです。油絵には、あまり感じないですよね。いま、新しいマンションでは床の間を初めから設けません。そういう現代の生活にあって、逆に絵によってその時期にしか見られない桜がこんな寒い冬でも見られるなんてすごい、とか、好きな花を一年中見ていたいっていうふうなことなんだと思います。

和田　なるほど。

中島　絵を見て「あそこの木にはそんなにいっぱい咲いていない、感じがずいぶん違う」とか言われることがありますけど、やはり絵には一つの世界がある。面白くて、綺麗で、自然を本物以上に描くということもあるんですよね。本物のように描いても、本物以上にならないこともありますし。

和田　確かにその通りだと思います。

中島　本物以上に描いてはじめて本物に対抗できる、本物を超えられることがある。絵を描くときに、どれだけ対象に近づくかとよく言われますけど、近づかなくてもいいんです。超えればいいんですから。でもそれがなかなか難しいところなんです。

和田　これから、どんな風に描かれていきますか。

中島　学生時代から変わらないテーマですけど、自分が生きている世界の現実をどう作品に表現して、世の中に問いかけていくか、結局僕は、人間とは一体どういうものなのかということを、絵によって追求しているんでしょうね。

天空をも食べる
文化振興も包丁捌きのごとく

◉ゲスト　遠山敦子
（新国立劇場運営財団理事長）

◉聞き手　古川浩次

遠山敦子（とおやま・あつこ）

新国立劇場運営財団理事長。東京大学法学部卒。昭和37年、文部省入省。文化庁長官、駐トルコ共和国大使、国立西洋美術館長を経て、平成13年より文部科学大臣。平成17年、新国立劇場運営財団理事長に就任。著書に『トルコ　世紀のはざまで』などがある。

2006年対談

文化庁長官、トルコ大使、文部科学大臣などを歴任し、現在は新国立劇場運営財団理事長の遠山敦子さんと、行きつけの料理屋で旬の料理に舌鼓を打ちながら、おしゃべりをした。さすが世界を相手にしてきた方だけあって、鋭い見識と日本文化への情熱――それが、国費を使わずに新国立劇場を誕生させるという、不可能を可能にした。その手腕の鮮やかさ。まるで熟達の料理人の包丁捌きに似ていないか。（古川）

トルコという国

古川　遠山さんといえばトルコ*。大学卒業後、文部省に入られて文化庁長官、文部省顧問を経て、駐トルコ共和国大使になられたのが平成八年六月ですね。

遠山　どこへ赴任するのかと思っていましたら、トルコへと言われまして。全く念頭になかったものですから、「えーっ、トルコ？」と驚きましたら、当時文部大臣だった与謝野馨さんが「あなたね、知らないかもしれないけど、トルコというのは大国なんだよ」と説明してくださいました。

古川　与謝野さんはお父さんがエジプト大使をなされていましたね。

遠山　そうです。考えてみますと、かつてオスマン帝国*の栄華を誇った国です。そういうこともあって、直ちに決断しました（笑）。それから出発までに猛勉強しました。

古川　初めてトルコの地を踏まれたときはどう思いましたか。

---

*トルコ
小アジアとバルカン半島の東端にまたがる共和国。一九二三年、ムスタファ・ケマル・アタチュルクらの革命で共和国に。面積約七十七万平方キロ、人口約六一〇〇万人。首都アンカラ。

*オスマン帝国
（一二九九～一九二二年）トルコ系オスマン民族の帝国。イスラム教を国教とする。一七世紀には広く北アフリカから、中東の一部まで版図を広げ、世界最強国家といわれた。

遠山　まずイスタンブール*に着いて、ボスポラス海峡に面したホテルに泊まったんです。一気にトルコが大好きになりました（笑）。なんとも言えない美しさでした。丘があって、そこにブルーモスク、アヤソフィア……それらが夕陽に輝いたシルエットで見えるんですよ。歴史そのものだと感じました。それから、美しい自然。それで完全に虜になりました。

古川　なるほど。トルコにトリコになったと（笑）。

遠山　ところが、こんな美しいところでよかったなと思ったのですが、すぐ翌日には大使館のあるアンカラというところに赴任いたしまして。大々的な歓迎を受けたんですけど、それはイスタンブールとは似ても似つかない、荒涼たる丘陵の上に建つ古い都市でした（笑）。古川さんはトルコにおいでになったことはありますか。

古川　三度ぐらい行きました。でも、何度行っても、また違う顔を見せるところではあるんですよね。古代と中世と現代が同居しているんですけど、それがすごくいい。時代を飛び越して、まざり合っている。ただ単に横の、東西文化の坩堝《るつぼ》というのではなくて、縦の時間軸も一緒になっている。

遠山　確かに、今日の中東の動乱についてもトルコは情報の中心なんですよ。私はアンカラに三年ちょっといた間、「トルコは世界の中心だな」と感じていました。とにかく、世界の成り立ちとか各国の情勢、ロシアは、中国は、中東は……といったことが、座ったままで全部入ってくる。だから日本のことも、アジアの端ですけれどもよく見えるんですよ。とても勉強になりましたね。

---

*イスタンブール　オスマン帝国の首都として発展した、トルコ最西部に位置する都市。もとはビザンティン帝国の首都コンスタンティノポリスとして栄えた。キリスト教遺跡や、イスラム教をはじめとするさまざまな文化が入り乱れる多文化都市として知られる。

古川　ゲートウェイですね。いろんなところを、全部を見ている。
遠山　やはりオスマン帝国から引き継いだ伝統がいまだに残っていて、周辺国での情報網もものすごいものです。
古川　それに、トルコの皆さんは非常に親日本的な感情を持っていますね。私の好きな国の一つです。

トルコの料理

古川　ところで、トルコという国は料理はかなり豊富にあるんですか。
遠山　豊富です。十六から十七世紀ぐらいがオスマン帝国の最盛期だったんですけど、その頃のトプカプ宮殿*というのがきちんと残っています。
古川　ああ、ありますね。
遠山　宮殿に門から入って右手に厨房があります。今は博物館になっていますけど、全部で千五百坪ぐらいある厨房の建物の五百坪ぐらいが台所。そこで毎日のように数千人のお客さんや、宮殿に仕える高級官吏たちの食事を作っていたそうです。鍋などが残っているんですけど、その巨大なこと。
古川　当時はどんなものを食べていたんでしょうかね。
遠山　メニューは定かではないんですけど、当時厨房が購入した食材のリストがあるんだそうです。一六三〇何年とかその辺りの時代のもの。それによると、牛を二十頭

*トプカプ宮殿
一五世紀から一九世紀までオスマン帝国の君主が在住した宮殿。イスタンブール旧市街に位置し、三方を海に囲まれた広大な宮殿。

とか、ニワトリを何百羽とか。

古川　一日にでしょう。それはやはりすごいですよね。

遠山　一回に仕入れする量なんです。その食事のスケール一つとっても、いかにオスマン帝国がすごかったかということが分かります。有名なシシカバブ*も、オスマン帝国の伝統的な料理です。

古川　なるほど。やっぱり現地で食べるとおいしいんですよね（笑）。日本で売っているのと違うんだ、これが。

遠山　同感です。トルコ料理はフランス料理、中国料理に並ぶ世界三大料理の一つと言う人もおりますから。確かに向こうで食べているときは、とってもおいしいと思いましたね。ところが日本でいただくと、どうも違う。やはり、その大地の空気とともに料理を楽しむのが一番なんですよね。

古川　ビールを飲みながらだとまた全然違う（笑）。肉はほとんどありますよね。

遠山　ブタ以外は。

古川　やはり宗教上の問題ですね。

遠山　ご存じだと思いますが、トルコ料理の場合、まず目で味わう、というので前菜が出てくるんですよ。

古川　そうそう、すごいんですよね。

遠山　最初二十品目、レストランによっては三十品目ぐらい出る。それがおいしそうなんですね。私も最初、少しずつ取っていたんですけど、主菜になる前に満腹になり

---

*シシカバブ
羊肉、あるいは野菜を加えて串に刺し、塩、コショウをふり、油を塗って焼いたもの。

ました。大失敗（笑）。

古川　どれがコースかわからないんですよね。とにかくいっぱい出てくる。

遠山　でも、前菜だけでもおいしいんですよ。肉料理にしても、焼いてあったり串に刺してあったり、また、ブドウの葉で巻いたものなどが出てきたり。地方によって独特の品もありますし。

古川　魚料理もありましたか。あまり記憶にないけれども。

遠山　日常的には黒い鯛みたいな魚がありますね。それの塩焼きはおいしいですよ。面白いのは、冬の間は魚屋さんなんですけど、夏になると八百屋さんに変わるんです。

古川　すごいな、それは（笑）。

遠山　私のいた頃までで、今は冷凍技術が発達してそんなことはなくなったかもしれませんが。夏、禁漁の時期があるのと、黒海*あるいはエーゲ海からアンカラまでは距離がありますでしょう。

古川　そう、生魚だし腐っちゃう。暑い国ですものね。

遠山　若狭湾から京都へ届けるのとは距離が違いますからね。それでまた見事に、昨日まで魚屋が並んでいた場所にある日突然、八百屋が……（笑）。

古川　日本の料理屋で、冬はフグ料理で夏はオコゼというのはあるなあ。でも全く違う職種になるとは――。それは初耳でした。面白い話ですね。

遠山　いずれにしろ、やはりあの国はオスマン帝国の文化を継いでいて大らかですからね（笑）。

＊黒海
地中海の付属湖。欧州、ロシア南部、小アジアに囲まれた内陸の湖。面積は約四二万平方キロ。

古川　食文化と、それから建築。アヤソフィア寺院*もイスタンブールでしたね。

遠山　そうです。ビザンチン建築*の代表的な遺構ですね。世界の建築史でも重要視される巨大な半円形のドームに圧倒されます。「アヤソフィア」は「聖なる知恵」という意味です。凄いはずですね。

日本にオペラハウスを

古川　建築物の話が出ましたけど、遠山さんというと、新国立劇場*を作るにあたって「空中権」が話題になりました。

遠山　日本には、歌舞伎のための国立劇場はありますけど、もう一つオペラハウスが欲しいというのはオペラ歌手たちの長年の願いだったんですね。当時の文部省としてもやりたかったんですが、いい土地がなかなかなくて、いろいろ困難なことがあったんです。私が文化庁次長になったとき、土地は今の初台にしましょうと決まっていたんです。

古川　あそこは前、何だったんですか。

遠山　工業試験場で、一万坪ありました。でも、国の土地なのに文化庁が買わなきゃいけなかったんです。

古川　体系が違うからね。

遠山　土地だけで二千八百億円かかるんです。それでは予算からすると毎年十坪ずつ

---

*アヤソフィア寺院
イスタンブールにある、東ローマ帝国時代に築かれた正統派キリスト教の大聖堂。東西教会の分裂後は、正教会の総本山となる。オスマン帝国の時代もモスクとして利用され、イスタンブールの象徴ともいえる。

*ビザンチン建築
ビザンチン帝国（東ローマ帝国）のもとで興った建築様式。キリスト教の拡大とともに、ブルガリアやユーゴスラヴィアのほかアルメニア、グルジアなど西アジアにも広がった。

*新国立劇場
渋谷区にある歌劇場。オペラ、中劇場、小劇場の三劇場があり、国内最大級の舞台公演が行われる。

しか買えない。というのも、当時の文化庁予算は四百五十億円しかないんですよ。さらにその上に建てる建物を考えると、それが七百億円かかる。オペラハウスは四面舞台をもち、ものすごく高額な設備ですからね。

古川　なるほど。

遠山　四百五十億しかない文化庁が、何年たったらそんなもの建てられますか。このまま待っているだけでは駄目だと思いました。そこで、何とか不可能を可能にしようと。

古川　それが空中権だ。ところで空中権とは。

遠山　空中権は、土地の上の空間を目的とする地上権なんですけど、普通、建物には容積率というのがあって、その地域で設定された制限を超えた延床面積の建物は建てられないんです。ところが、隣接する建物が容積率を持て余していたり利用したい場合は、空中権を設定して売買することで、事実上、容積率を売買できるんです。都市計画法の中に特定街区というのがありまして、有効な空き地の規模に応じて容積率を割増できます。

古川　それでは、周囲との関わりも大事になる。

遠山　一万坪の新国立劇場の敷地の横に京王電鉄とか小田急とか、いくつか民間企業がございましたね。それを劇場と一緒に一つの特定街区にして、全体の容積率を六〇〇パーセントにするわけです。劇場は建物が高くないので容積が余る、これを空中権と称して隣の民間企業群に買ってもらって、背が高いオペラシティビルというのが建ったんです。

古川　それをやったのは、日本政府で遠山さんが初めてだったんですよね。

遠山　今から十八年ほど前ですからね。そんなことは、あまり役所の発想としてなかったと思います。

古川　官に置くにはもったいない。すごくいいビジネスセンスをしている（笑）。

遠山　空中権はアメリカで開発された権利ですよ。それで研究しましたね。ところが文部省や大蔵省でもはじめは大反対がありました。隣に買ってもらった民間の金で、国立の劇場を建てるなんてとんでもないと。官僚の世界で前例のないことに挑むのは大変です。私はそれでも空中権を何とかしなきゃ絶対建たないと思いましたからね。

古川　確かに、普通にやっていたんじゃ難しいでしょう。

遠山　何十年たっても建たなかったでしょうね。それで、あちこちで正面突破をはかりました。建設省や自民党なども説得して、国会でも答弁にたちました。最終的には皆さんの絶大なご協力によって、国費を使わずに今の新国立劇場を建てることができたのです。

古川　手品みたいな話だなあ。

遠山　ずいぶん迷惑に思われた方も多かったでしょう。でも私はそれを成し遂げることが何より日本の文化のためだと思いましたし、それにとてもダイナミックな仕事で面白かったですね（笑）。

古川　まさに武勇伝ですね（笑）。

和食はオペラ

遠山　今度は古川さんの武勇伝を（笑）。男子厨房に入る、だとか。

古川　家事が好きなんですよ。炊事、洗濯、何でもしちゃいます。なかんずく料理が一番好きなんです。先日、朝送られてきたヒラマサ*を捌きました。一メートル、十キロ。胃の中に烏賊が十杯、魚が三匹入っていましたね。

遠山　すごい。

古川　それをご近所十軒に配って。

遠山　若い頃から、料理がお好きだったんですか。

古川　おふくろがとても料理好きで、いろいろ工夫するのが得意だったんです。そばで見ていると、材料がどんどん姿を変えていくから面白い。そのうちに手伝えと言われて、一所懸命やって褒められて、それで頑張ったんだなあ。

遠山　そういう方って、包丁を研ぐところからなさるんですよね。

古川　私は山のようなお皿やグラスをどうやって効率よく片づけるかまで考えます。買い物から、最後の後始末まで。

遠山　さすが商社マン、脱帽です（笑）。

古川　包丁が好きなもんだから、やはり自分で思うように切りたいという気持ちがあるんですよね。野菜にしても、魚にしても、自由に包丁を入れられるのは面白い。

遠山　本当にお料理ってクリエイティブなんですよね。

---

*ヒラマサ
アジ科の海水魚。体長二メートルほどになり、ブリに似た姿をしている。殊に夏に美味しい。

古川　クリエイティブです。それで、失敗したらやり直しが利かない。プロだとそのあたり、ごまかしようも身につけているんでしょうけど（笑）。

遠山　魚を捌くで思い出しました。イスタンブールを東西に分ける*ボスポラス海峡と*ダーダネルス海峡との間にある*マルマラ海では昔、鮪がよく捕れたんです。大方は日本企業が買い付けて日本に送られました。今ではもう捕れなくなったのですが、時折、鮪が捕まると「鮪が揚がったから買ってくれないか」って連絡が入ったものです。

古川　確かに、ほかの公邸じゃ鮪なんか食べないでしょうね。

遠山　それでともかく買うことにして送ってもらいました。ところが、そんなに大きい魚をまさかトルコで捌くと思わないから、公邸の料理人も小さい包丁しか持ってきてないわけです。

古川　とても無理だ。長刀《なぎなた》みたいな独特の包丁が要るんだから。

遠山　ところが、ものすごく器用な人でしたので、何とか血抜きをしたりブロックに分けて捌いたらしいんですね。そうしたら、トルコ人の料理助手が目をぱちくりさせて驚いたそうです。

古川　それは驚きますよ。

遠山　その日から、彼はいっぺんにアンカラで有名な料理人になりました（笑）。日本料理人の包丁捌きは本当に凄いと思います。

古川　鱧なんかもそうですけど、プロの手捌きを見ていると、包丁と指先が一体化しているんですね。

---

*ボスポラス海峡
トルコのオチデント（ヨーロッパ側）とオリエント（アジア側）を隔てる海峡。北側は黒海で南側はマルマラ海。古くから黒海と地中海を結ぶ要衝として、歴史の舞台となった。

*ダーダネルス海峡
ボスポラス海峡とならび、ヨーロッパとアジアの境界をなすトルコの海峡。北はマルマラ海、南はエーゲ海。古くはヘレスポントス海峡と呼ばれていた。

*マルマラ海
ボスポラス海峡とダーダネルス海峡に挟まれた小さな海域。海域内にあるマルマラ諸島は大理石の産地として知られ、ギリシャ語のマルマラ（大理石）が語源になっている。

遠山　なるほどね。

古川　そういう意味で、やはり和食の料理人というのは、それなりのものなんですよ。魚も捌けば調理もする。総合的に何でもこなす、全部できなきゃ駄目。だから、和食はオペラなんですよ。

遠山　うまいことおっしゃる。

古山　和食というのは総合芸術なんでしょうね。おすし屋も、一流の職人はしゃりを握ったらだいたい数粒しか違わないですよ。いくら握っても。一日千個から握って、誤差はひとつ当たり数粒。プロの世界はそういうものなんですね。

遠山　そういう意味では、本当にオペラも総合芸術です。指揮者から、歌い手から、オーケストラから、照明から、全部が一体となって、いいオペラになる。いいオーケストラでやっていますから、ぜひおいでください。

古川　それはぜひ拝見しないと。

文化は継続と蓄積のうえに生まれる

◉ゲスト　福原義春（資生堂名誉会長）

◉聞き手　和田龍幸

福原義春（ふくはら・よしはる／左）

資生堂名誉会長。昭和6年、東京生まれ。昭和28年、資生堂入社。代表取締役社長、代表取締役会長を歴任し、平成13年名誉会長に就任。東京芸術文化評議会会長など多くの公職に就いている。『ぼくの複線人生』（岩波書店刊）など著書多数。

2007年対談

蘭と写真

和田　ホテルオークラで開かれた福原さんの写真展「蘭の顔」を拝見しました。一輪の花をあそこまで間近で見ることはないので、迫力がありました。それに、気高く美しかったですね。

福原　ありがとうございます。本当は実物を見ていただくのが一番なのですが。

和田　これが初めての本格的な個展だと伺いましたが、もうどのくらい蘭を撮られているのですか。

福原　二十年になりますね。今回その膨大なポジの中から五十四点にしぼりましたから、選ぶ過程は、案内状にもあるように、まさしく「壮大なピラミッドの石積みをする奴隷の様な日々」でした。

和田　会場もライトを落とし、黒のスクリーンに蘭の花だけが浮かび上がって、匂いたつようでした。

福原　黒は、花が一番きれいに見える色ですから、写真のバックには黒を使います。

資生堂名誉会長・福原義春氏。経営者として辣腕をふるわれるばかりでなく、趣味では蘭の栽培や写真家としてプロ級の腕を持ち、読書家としてもよく知られる。著述書も七十冊を超える、まさに博覧強記の人である。蘭のこと、企業の社会貢献についてなど話は尽きない。
（和田）

また照明にもこだわりました。

和田　福原さんは東京都写真美術館*の館長もされていますが、そもそも写真との出会いはいつ頃だったのですか。

福原　幼い頃、父方の二人の伯父から影響をうけましたね。写真に惹かれる福原家の血を受け継いでいるようです。

和田　芸術家としての遺伝子ですね。

福原　学生時代は「子供の科学」に草花や昆虫を撮影した科学写真が掲載されたり、カッパ・ブックス*の表紙を依頼されたり、資生堂の社内誌の表紙などいろいろな写真を撮ってきました。そのうち会社での仕事が忙しくなるにつれて、そうそう写真に時間をかけることもできなくなり、それならばせめて自分で育てた花を自分できれいに撮ってやろうと思ったのです。それしか写真家として残された道はなかったんですね。

和田　蘭との出会いも、写真と同様に子どもの頃ですか。

福原　父が温室で蘭を育てていましたから、蘭との出会いは物心がつく以前のことになりますね。蘭たちと一緒に育ったというより、蘭のそばに僕がいたという感じです。そのあとは、温室の作業の手伝いをしながら親しんでいきましたが、蘭たちに生き方を教えられたり、人間社会でうけるストレスを癒してもらっていますから、ありがたいですね。

和田　まさに個展は福原さんの思いが凝縮されているわけですね。花の写真を撮るにあたって、貫き通していることはありますか。

---

*東京都写真美術館　東京都目黒区恵比寿にある写真・映像の専門美術館。一九九〇年に恵比寿に開館。九五年に現在の恵比寿ガーデンプレイス内に移設された。写真のみならず、多彩な映像作品の紹介でも注目を集める。

*カッパ・ブックス　昭和二十九年、光文社から発刊された新書シリーズ。「文学入門」などのベストセラーが生まれた。のち同社社長をつとめた神吉晴夫が手がけた。

福原　日中の自然光のもとで撮影することでしょうか。花が昆虫に見せたいのは、外の自然光のもとにある最も美しい時の表情ですからね。

和田　先ほど私、匂い立つようだったといいましたが、蘭には独特の香りがあるのですか。

福原　独特というより、種類によってあらゆる香りをもっています。蘭はシベリアから亜熱帯にかけて、原産地に自生するだけで三万五千種くらいあるといわれていますが、ある種類が固有の香りをもっているだけではなく、個体によっても香りが変わるんですね。

和田　面白いものですね。実に個性的な花なんですね。それだけに、育て甲斐もおありでしょう。

福原　そうですね。ただ、蘭は育てるのではなく、自分で育つ。ですから、それを邪魔しないようにすることが大切ではないかと思っています。

和田　福原さんのように蘭とのコミュニケーションをとる人たちが増えているのか、東京ドームで開かれる「世界らん展日本大賞」はものすごい人気で、四十万人を超える来場者が毎年あるそうですね。テレビで拝見しましたが、今年の特賞は素晴らしかった。

福原　これも、現物をご覧にならないとあのすごさはわからないですよ。テレビでは臨場感がないのと、きれいに映りすぎるきらいがありますからね。来年はぜひ東京ドームへおいでになって、現物をご覧ください。

和田　はい、そうですね。楽しみが増えました。しかし、ああいった蘭の展覧会があるのは日本だけでしょうか。

福原　アメリカのマイアミにも大規模な蘭展はあります。蘭だけではありませんが、イギリスのチェルシー*のフラワーショウなどは世界的に有名です。しかし蘭だけを目当てに四十万人が訪れる展覧会は類をみないですね。

和田　今年で十七回を数えるとのことですが、この展覧会を仕掛けたのも福原さんですか。

福原　初めは「世界蘭会議」を日本に招致しようと、蘭の業者関係の人たちが手がけたところ、これが大成功を収めたんです。しかしこの会議は三年ごとに開催国を変えて行われるものだから、日本に帰ってくる機会は当分ありません。とはいえ、これだけの蘭があるのにもったいないということで、世界蘭会議の二年後に、自分たちで開催することにしたわけです。会長は私で三代目になります。

和田　毎年、楽しみにしている方が多いのでしょうね。

福原　全国からバスを仕立てて来る方が多いですよ。そして会場で蘭を買われるんです。飛行機だと、なかなかそうはいきませんからね。

和田　地方からの出品が目立ちますね。

福原　ええ。きれいな空気と光があって温室も広い。加えて兼業農家の方や自営をして暇な時に蘭をみている時間的余裕もある、ということを兼ねあわせると、東京近郊では難しいですね。去年も今年も、東北や北陸の方が上位入賞されるケースが多くな

---

*チェルシー
イギリスの首都ロンドン南西地区。サッカープレミアリーグのチェルシーFCの本拠地としても有名。

りました。

和田　以前は高価だった蘭が、スーパーやホームセンターで手に入るようになったことも愛好者が増えた要因の一つでしょう。人工栽培もできるそうですね。

福原　いろんなことができます。種類にもよりますが、業者は苗を沖縄で育て、中国の地価の安い土地で大きくして、蕾がでてくると、また沖縄の農場へ。そして咲きそうになると東京へ持ってきて売るのです。運賃が安くなったからできるようになったのでしょうが、考えてみれば、ものすごく贅沢な世の中ですよ。

フィランソロピーを考える

和田　福原さんは「企業メセナ協議会」*の会長も務めていらっしゃいます。言葉としてメセナは浸透してきたと思いますが、メセナも含めて日本のフィランソロピー（社会貢献）についての現状や問題点はどうお考えですか。

福原　もともとメセナが意味する「企業による見返りのない純粋な文化支援」を表現する日本語がなかったので、言葉と一緒にその概念もとりいれようと、メセナという言葉を使ったわけです。それが興味を持たれて急速に広まりましたね。そして、フィランソロピーとして日本の企業も多く取り組んでいますが、やはり哲学的には欧米と日本では違うところがありますね。

和田　たとえば、税制の問題も関係ありますか。

＊企業メセナ協議会
企業によるメセナ（芸術文化支援）のために設立された団体。音楽・美術・伝統芸能など、その支援先は多分野にわたる。

福原　アメリカ型の場合、寄付をすれば法人も個人も、それぞれ一定の割合で税控除の対象になる。そういう背景も手伝って、寄付を日常的に行える土壌がつくられていますが、日本ではほとんどありませんからね。協議会も、文化優遇税制への働きかけをしていますが、これがなかなか難しい。

和田　社会貢献活動を行っている経団連の会員会社に、二年ごとにアンケートをとっていますが、年間八百億円前後の現金の寄付があります。これだけの額がある国もそうないでしょう。大変なものです。日本の場合「陰徳」の精神が歴史的にみると強かったですね。

福原　日本には昔から「貧者の一燈」や「喜捨」といった思想があり、篤志家による公益事業も行われていましたが、密かに行う「陰徳」だからこそ価値があると考えられていましたね。それが日本的フィランソロピーの概念で、確かに明治時代までは多かった。しかし最近では陰徳どころではなく、企業が社会貢献した時には、それをディスクローズすることが投資家に対する責務だというようになってきました。もちろん陰徳は一つの美徳ですから、その思想を切り捨てる必要はありませんが、この日本的な篤志家活動と西洋型の思想とをうまく結びつけていくところに、日本型フィランソロピーが開けていくのではないでしょうか。

和田　なるほど。最近、経団連がまとめた「社会貢献活動調査」をみると、企業も「ＣＳＲ*への関心の高まりが社会貢献活動に影響を与えている」として、情報公開や社会貢献プログラムなどの活動の見直しをしているようで、企業意識も変わりつつあ

---

*ＣＳＲ　「企業の社会的責任（Corporate Social Responsibility）のこと。

りますね。

福原　ただ、その寄付行為が企業の経営理念に則っているものなのか、それが継続できるものなのかどうかが問題でしょう。利益が余っているから文化支援をやろうということなら、初めからやらないほうがいいでしょう。文化は継続と蓄積のうえに生まれるものです。利益が減っても、もちろん経営者は努力すべきですが、継続することが大切ですね。

和田　資生堂単独協賛の「東京国際女子マラソン」やミュージカル「レ・ミゼラブル」*は、そのさきがけですね。

福原　私どもの企業活動は、決して文化を売り物にしたり、文化が目的ではありませんでしたが、結果として文化を育ててきたといえると思います。

和田　今、いろいろな分野で寄付の要請は強いですから、なぜ寄付をするのか大前提の理念が必要ですね。ただ、最近では会社の調子が悪いとなぜ寄付するのだという株主の声もあるようですね。

福原　ええ。でも、赤字であっても会社にとって必要な寄付はあるんです。つまり、その会社がどのような理念で社会と共存していくかという、スピリットに関わってくると思いますよ。

和田　最近、面白いと思ったのは、進出してきている外資系の銀行や信託は、団体ベースで寄付を割り振ると、なぜ自分の企業の名前がでないのかといいますけれど、日本の場合はだいたい横並び思考ですね。

＊レ・ミゼラブル
ヴィクトル・ユゴーが一八六二年に発表した小説。一九年にわたる獄中生活からパリ市長にのぼりつめるジャン・バルジャンの波乱の生涯を描く。フランスのロマン主義文学の代表作。

福原　そうですか。しかし、アメリカでも公演プログラムや展覧会のカタログの最後には、例えば、ロックフェラー財団やフォード財団を始めとした、夥しい数の財団の名前がならんでいます。ただ、あくまで控えめです。名前を掲げる目的は、価値ある芸術を応援することを誇りに思うという支援する側の思いで、それを受ける芸術家側の気持を社会に理解してもらうためのものなんですよ。結果的にみれば、露骨な宣伝よりもこういうやり方の方が効果的ですね。

日本文化の不思議な独自性

和田　このごろ日本文化とはなんだろうとよく考えるんです。どんな戦争をしても、日本という国はあまり変わらない。文化や芸能も伝承されて、精神状態は安定しているのではないかと。そう考えると、世界の中でも独特な文化を形成しているのではないでしょうか。

福原　『逝きし世の面影』という本をご存知ですか。渡辺京二さんという民間の歴史研究家が、幕末に日本に来た外国人の滞在記を克明に調べて書かれた本なんです。その中で「日本の文明は、良きも悪しきも幕末に滅びたが、文化は続いている」と指摘しています。でも、日本人にはその認識がない。その点を知っているのといないのでは違う、とおっしゃっています。僕達は根無し草なのかな、と慄然としましたね。

和田　そのお話を聞いて、「世界中の民族が滅びても、日本民族は希少種として残さなければならない」と、幕末に外国人が書いていたことを思い出しました。

福原　たぶん、ちょうど僕たちが今、ブータン*の人たちをみて思うことと同じような感じなのでしょう。ブータンは、コロンボ会議*で国王が「GNP（国民総生産）よりGNH（国民総幸福量）」と宣言されて一躍有名になりましたが、一人当たりの所得は極めて低くても、それでも国民は幸せだといっています。『逝きし世の面影』に、当時の外国人には日本人が幸せそうな表情をしていると映ったと指摘しています。また、小泉八雲*は『日本人の微笑』で、いつの日か日本人も自分たちの過去を、西洋人が古代ギリシアの文明を回顧するように回顧するだろうというようなことを言っています。

和田　そういった文化の力に気づかされたのかどうかはわかりませんが、最近、能や歌舞伎を観る人や、俳句を詠む人がとても増えているらしいですね。

福原　そうですね。今、甘利明経済産業大臣の直轄のプロジェクト「感性価値創造イニシアティブ委員会」の委員をやっているんですが、そこでお話にあったような文化についての議論をしています。

和田　その委員会のねらいはどこにあるのですか。

福原　例えば、秘伝のタレはどうやって作るのかといった、卑近な例を挙げながら、日本的な感性でものづくりをして世界に発信していこうということです。

和田　それは面白いですね。私は伊勢神宮の式年遷宮に関わっているのですが、二十年に一度の遷宮に際して、千五百以上の装束や神宝を新たに作らなくてはならないん

---

*ブータン
インドと中国にはさまれた、ヒマラヤ山脈東部にある世界で唯一チベット仏教を国教とする王国。首都ティンプー。

*コロンボ会議
一九五四年に開催された国際会議。インドシナ戦争の早期解決、植民地主義への反対、大国による政治干渉の排除などの決議が示された。のちに参加五カ国（インド・スリランカ・インドネシア・パキスタン・ビルマ（現ミャンマー））は「コロンボグループ」を結成。翌年のバンドン会議開催に大きく貢献した。

*小泉八雲
（一八五〇〜一九〇四年）英文学者・作家。ギリシア生まれ。本名ラフカディオ・ハーン。日本に帰化。著書に『怪談』など。

です。時代を追うごとに、細かい技術を受け継ぐ後継者がいなくなっていく大問題を抱えています。

福原　それでも、二十年ごとに造営をやっているから、なんとか続いていくのでしょうね。

和田　古来の伝統技能を保存するにはやはり技術者の育成確保が欠かせません。このままではどうなってしまうのか心配です。寄付やメセナだけでは保てないと思いますよ。

福原　確かにそうです。こういうことこそ、国がサポートすべきなんですよ。

銀座と資生堂パーラー

和田　最近は銀座も海外ブランドの店舗が多くなりましたが、銀座に行くと資生堂パーラーで一息つきたくなりますね。

福原　創業者・福原有信*が始めた資生堂薬局の中に開設されたソーダファウンテンが資生堂パーラーの前身で、昭和にリニューアルし、おかげさまで二〇〇二年に創業百周年を迎えました。

和田　明治時代、ソーダファウンテンではソーダ水やアイスクリームが売られたんですよね。さぞかしハイカラで、西洋そのものの味がしたでしょうな。

福原　当時は西洋風であることは先端的であることと同じでしたからね。銀座も明治

＊福原有信（一八四八～一九二四年）実業家。東京・京橋に洋風薬局資生堂をオープン。のち化粧品業へ。また、大日本製薬など創立した。

政府が西洋文化紹介のモデルタウンとして開発した町ですから、西洋のものが集中していたんでしょう。

和田　そういう歴史の中にも、福原家の進取の精神を感じます。今日はどうもありがとうございました。

酒を語る、酒が語る
一杯、一杯復一杯

◉ゲスト　谷垣禎一（衆議院議員）

◉聞き手　古川洽次

谷垣禎一（たにがき・さだかず／右）

衆議院議員。昭和20年、東京生まれ。東京大学法学部卒。昭和58年、衆議院議員に初当選。科学技術庁長官、食品安全担当大臣、財務大臣などを歴任。平成18年、自民党総裁選に出馬。日本蕎麦協会会長、日本ソムリエ協会名誉顧問なども務める。自由民主党政調会長。

2007年対談

清酒と焼酎

古川　今日はお忙しいところありがとうございます。
谷垣　古川さんのほうこそ、初代のゆうちょ銀行の舵取り、ご苦労様です。もう、ゆうちょ銀行の仕事は動いていますか？
古川　ビジネスの原点は現場ですので、まずは各地の郵便局を訪ねることから始めています。先週までに、全国各地の郵便局を百二十二局回りました。歩いてみて感じたことは、私が長年おります商事会社とは異次元の世界ですね。
谷垣　特定郵便局ですか？
古川　いいえ。普通郵便局、簡易郵便局を含めて全部を回ってみて、経済活動のサービスと行政サービスの違いなど、見えてきたものがあります。これが、私のビジネスマンとしての最後のご奉公です。ところで、国会も大変ですね。

先の小泉内閣で財務大臣を務められた、衆議院議員の谷垣禎一氏をお迎えした。ソフトな表情に登山とサイクリングで鍛えた身体、そして明晰な頭脳。酒の話に始まって、政治はもとより文化・古典芸能まで懐が深い。一つの興味の対象を極める人は少なくないが、持ちえた興味をすべてこなす人はなかなかいない。一見クールで実は熱い。杯を重ねながら時の経つのを忘れた。　（古川）

谷垣　閣僚の失言もあって、自民党も脇が締まっていない状態ですね。私も背筋をシャンと伸ばさなくては――。

古川　ご出身は福知山*で、谷垣先生のご実家は日本酒の蔵元でしたね。

谷垣　ええ。昨年、夏の甲子園での福知山成美高校の活躍で、一躍名前が知られた町です。もっと遡れば、治水に力を尽くしたという明智光秀*が英雄の町です。

古川　確か小泉前首相は熱烈な織田信長*のファンでしたね。

谷垣　そうなんですよ。私はその内閣の閣僚でしたから、チョット肩身が狭かったんです（笑）。

古川　ご実家のお酒、「鬼殺し」を飲んだ記憶があります。

谷垣　今は従兄弟がつくっています。

古川　丹波の酒は、昔に比べたら勢いがないようですが。

谷垣　丹波といってもいろいろな地域があって、福知山は中丹《ちゅうたん》といわれているところです。今はまた、少しつくっていますが、一時期ここの酒造組合では、酒づくりをしているところがゼロになってしまったことがありました。やはり地酒は、地元の支持を得ないとうまくいかないということかもしれないですね。

古川　地酒は、そこの土地の人たちがつくり育てていくものなんでしょうね。その日本酒ですが、どうやっていただくのが好きですか。冷ですか、燗ですか。

谷垣　吟醸や大吟醸は冷がいい。でも、やはり人肌に燗をつけたのが一番うまい気がします。というのも、子どもの頃に親父に御燗番をさせられましてね。当時役人だっ

＊福知山
京都府の西部に位置する京都府第二の都市。福知山城は明智光秀が拠点とした城として知られる。また明治・昭和期の町並みが残る城下町も、美しいたたずまいを伝える。

＊明智光秀
（一五二八？～八二年）美濃の斎藤道三に仕え、やがて織田信長のもとで活躍した戦国武将。「本能寺の変」で信長を討った。さまざまな文化に精通した智将としても知られる。

＊織田信長
（一五三四～八二年）尾張一国から天下布武をかかげ、戦国時代を終焉へと導いた武将。室町幕府を滅し、安土城を築いた。天下統一を前に明智光秀の謀反にあい、自刃した。

た父のところへ、正月など人がたくさん来られました。そこで薬缶の中の徳利を、私が丁度よさそうな時に取りだして持っていくわけです。すると「坊ちゃん、この燗のつけかた丁度いいよ」などと誉められる（笑）。そんなこともあって、やはり人肌がいい。

古川　若山牧水*に「かんがへて飲みはじめたる一合の二合の酒の夏のゆふぐれ」という歌があります。冷房もなかった時代、縁側かどこかでボーッと酒を飲んでいるイメージが浮かんで、私はこの歌が大好きなんです。それを思うと、お酒は常温かぬるめの燗が一番かな。私は鹿児島の出身で、鹿児島といえば芋焼酎ですから、これをよく飲みますね。

谷垣　焼酎も悪くありませんね。しかし酒税上の区分けといいながら、甲類・乙類という命名の仕方が、酒に優劣をつけるようでよくないですね。

古川　それは、谷垣先生が財務大臣の時に改めるべきでしたね（笑）。

谷垣　沖縄の泡盛はタイ米を使っていると聞いたので、タイに行った時、米でつくった焼酎があるはずだと探したんです。しかし、昔は確かに泡盛みたいな酒があったものの、今はないそうです。どんなものでも、いいものが滅びてしまうのは惜しい。

古川　芋に麦に米と、一通り飲みましたが、最近、丹波に栗の焼酎があると聞きました。

谷垣　ええ。私のところから峠を一つ越したところでつくっています。

古川　それは猪の肉と合うかもしれませんね。だいたい焼酎は肉系、特に豚肉と相性がいいんですよ。特に薩摩の黒豚に芋焼酎（笑）。

谷垣　うるわしき郷土愛ですね（笑）。しかし、学生の頃は焼酎を飲むと悪酔いする

＊若山牧水
（一八八五～一九二八年）明治から昭和初期の歌人。詩歌雑誌「創作」を発刊。日本各地を旅し、多くの歌碑がのこる。歌集に『海の声』『砂丘』など。

と思っていました。ところが、宮崎から出てきていた友人が、酒は悪酔いするから焼酎を飲んだほうが良いと言うんですね。その時は、何を言っているのかと思いましたよ。でも確かに、宿酔いは焼酎のほうが少ないかもしれませんね。

古川　何でも飲み過ぎれば同じなんですがね（笑）。三年前のある銀行のデータによれば、焼酎はアルコール消費量で清酒を抜いたとありました。

谷垣　私が財務省にいた時も、焼酎が一人勝ちでした。

古川　そのデータをみていると、実に面白くて、例えば金沢は日本酒の消費量が多くて焼酎が少ない、というような、地域性がでていますよ。

谷垣　それはわかる気がしますね。金沢の食べ物や風情は、焼酎より、ちょっと燗をつけた日本酒といった感じですね。

ワインは農産物

古川　谷垣先生は、日本ソムリエ*協会名誉顧問で名誉ソムリエでいらっしゃる。ワインもお好きですか。

谷垣　実は親父がワインが好きだったんですね。むろん私もですが（笑）。学生時代、司法試験になかなか受からなくて鬱屈していた頃だったかな、時々親父のところにあるワインを盗み飲みしていたんです。あるとき親父が「なんだ、お前これ飲んじゃったのか」と情けなさそうにしているので、ああ申し訳なかったな、という思いにから

*ソムリエ
レストランなどで客の相談に応じてワインを選び、サービスする専門家。

れましたが、あのときのワインは実にうまかった（笑）。
古川　谷垣先生はアルコールでも、多分子どもの頃から「*梅檀《せんだん》は双葉より芳し」だった（笑）。
谷垣　そんな過去を評価されてか、名誉ソムリエにしていただいたわけです（笑）。お酒に関しては、飲みながら薀蓄を傾ける薀蓄派と、ひたすら飲むガブガブ派とがありますが、私はどちらかといえばガブガブ派ではないかと思います（笑）。
古川　ガブガブといっても、何かを召し上がりながらではありませんか。私は酒を飲まないと肴がおいしいと感じませんが、いかがですか。ワイン通といわれる人達のなかには、料理はワインをひき立たせるための存在とまで言う人がいます。
谷垣　そこまでは言いません。酒屋の生まれなので、御先祖様に対する気持ちももちろんありますが、やはり酒があったほうが肴がひき立っておいしいし、この料理や肴にはどんな酒が合うだろうかと考え、選ぶこともまた楽しいですね。
古川　飲むだけの一本槍だと飲み過ぎてしまうように、食べてばかりではついつい食べ過ぎてしまいますが、酒を飲みながらですと食べるスピードが緩和されます。それに酒で舌をゆすぎながら食べると、舌が味の変化についていけますから。
谷垣　酒で舌をゆすぐとは、食通的な表現ですね（笑）。ガブ飲み派にはない表現だな。しかしその通りだと思います。
古川　ものも言いようですから（笑）。いずれにしても、酒と肴は一対でおいしいと思いますね。

＊梅檀は双葉より芳し
大成する人間というものは幼い時からすぐれていることのたとえ。

谷垣　日本酒も相当練り上げたものに違いありませんが、ワインは同じ酒でも農産物という感じが強いですね。その土地のミネラル、土をよく反映しています。氏素性を感じます。

古川　確かにワインと比べると日本酒にはその感じは少ない。その代り、もっと精神性を感じます。私は最近、チリのドン・メルチョーというワインに惚れこんでいるんです。

谷垣　二〜三年前、チリでAPEC*がありましたが、その時のワインかな。おいしかったので買ってきましたよ。しかしワインもそうですが、これだけ日本が食糧を輸入しているということは、その国の水も間接的には輸入していることになりますね。

古川　普段は意識しませんが、大きな問題ですね。水についてもっと言えば、いつかこの対談コーナーで百グラムの松阪牛*をつくるのにどれだけの水が必要か話したことがあります。これから〝水〟は別の意味で大きな食糧問題となります。

ところで私はね、時間がある時は、酒に合う肴や料理を自分でこしらえるようにしているんですよ。

谷垣　いいですねえ。私は山登りをしていましたが、山を登っているときの楽しみは、食べものなんです。岩魚を釣ったり、根曲がり笹があればアクを抜いて食べようとか……。暇になったら、ぜひ料理をしようと思っています。

古川　家でもお酒は飲まれますか。

谷垣　家内はほとんど飲みませんので、娘につきあってもらっています。ワインを一

＊APEC
アジア太平洋経済協力会議（Asia Pacific Economic Cooperation）

＊松阪牛
三重県中部の松阪地方で飼育されている食肉用和牛。

人で一本飲むのはさすがに飲み過ぎですから、誰かがちょっと引き取ってくれるといいんですね。ついつい子どもたちを引きずり込んでしまいます（笑）。

古川　お嬢さんとワインを飲むなんて、いい光景だなあ。

男のロマン

古川　先ほどのお話にありましたが、登山と自転車が趣味でいらっしゃるとか。かなり身体を鍛えておいでのようですね。

谷垣　そうですね、学生時代はスキー山岳部に所属して、勉強よりも山登りに明け暮れていましたね。

古川　このたび日本山岳ガイド協会会長になられたそうですね。

谷垣　亡くなられた元総理の橋本龍太郎さんがやっておられたものを相続しました。先日、定年になったある記者の方から本をいただいたんですが、その方は日本百名山を二年で登ろうと決めたそうです。毎週どこかの山を登ることになるのですから、実に大変なことです。でも、私も今まで登っている山もいくつかありますし、ガイド協会の方と一緒なら百くらい登れるのではないかと、ひそかに考えているんですが、やっぱり引退してからでないと無理かもしれませんね。選挙区にも帰らないといけませんから。

古川　地元・選挙区にはあまりお帰りになりませんか。

谷垣　十年くらいは毎週よく帰りましたが、財務大臣をやってから、ほとんど帰らなくなりました。古川さんは丹波に行かれたことはありますか。

古川　残念ながらないんです。福知山まで京都からどのくらいかかりますか。

谷垣　特急で一時間二十分くらい。新幹線で行くと乗り換えもあって、この新幹線と山陰線のホームが遠いんです。車で京都からですと二時間かかるかなぁ。あの選挙区から出ている代議士でなければ、「ここの政治家、努力しているのか」と言いたくなるかもしれません（笑）。でも、田舎の良さが残っているいいところですよ。

古川　選挙といえば、小選挙区*になってからやりづらいですか。

谷垣　一言で言うと、議員の消耗度が高いということでしょうか。私は小選挙区での議員の賞味期限は十年だと思っています。その十年を超えて通用するには、有権者に、この男は国家的なリーダーに育つかもしれないという幻想を与えることに成功することだと思っています。

古川　人生は幻想、言葉をかえればロマンですな（笑）。自転車で駆け抜けるのも一つのロマンかもしれない。ロードレースに参加され、良いタイムを残しておられるようですし、そういえば、今日のネクタイも自転車のデザインですしね。

谷垣　議員になってから十年ほど乗らなかったところ、体重も増えたので乗り出したら、また面白くなってきて、週末は極力乗るようにしています。

古川　どんなところを走るんですか。

谷垣　いろいろ行きますが、同じところですと飽きるので、テーマを決めて走ってい

＊小選挙区
衆院で実施されている小選挙区比例代表制のこと。一九九四年、政治改革関連法の成立により、それまでの中選挙区制から移行した。

＊延喜式
平安時代に編纂された格式（律令の施行細則）で、三代格式のひとつとされる。醍醐天皇の命で延喜五年（九〇五）に編纂が開始され、九二七年に完成した。

＊式内社
延喜式神名帳に記された神社のこと。現在にのこる神社の社格（格付）として影響力を持っている。

ます。例えば延喜式*に出てくる式内社*の伊豆・相模・安房を、しらみつぶしに廻ったり。自転車だと行きやすいですよ。

古川　距離にすると？

谷垣　昔は二〜三百キロ走っていましたが、最近は百二十キロくらいがいいところかな。古川さんは、身体を動かすことは何かやっていらっしゃいますか。

古川　うーん、いいことは何もしていませんが、強いていえば、マンションのエレベーターを使わずに、階段を上り下りして新聞を取りに行くことですかね。といっても、十二階に住んでいますから、千歩くらいになるんです。かなりきついですよ。私は六十九歳ですが、今は十二階あがっても大丈夫です。

谷垣　それはすごい。運動をすれば生活習慣病*にかかるリスクは減るといわれていますが、こまめにやっているかどうかが重要だと、京都大学元総長の井村裕夫*さんにうかがいました。でもゴミを捨てに行ったりして動いていると、意外に効果がでてきますね。まめにやらないと家内に怒られますから。ゴミ捨てではどうも、ロマンとは離れてしまいます（笑）。

＊生活習慣病
かつて成人病と呼ばれた。食生活や運動など日常のライフスタイルが原因となって起こる病気。

＊井村裕夫
内科学者。副腎皮質刺激ホルモンが生まれる仕組み、分泌のシステムなどを解明した。

ことばと文化

古川　こうやっておいしいお酒と楽しいお話をうかがっていると、心は和んでいきますが、最近、ことばが窮屈になってきているように感じられます。政治家としてどうご覧になっていますか。
谷垣　そうですね。なにか、自分の気にくわない発言に対して攻撃をするというか、いろいろな発言に対する社会の寛容度が弱くなっているなと感じています。
古川　国会中継で、議論というよりことばのアゲアシとりという場面をよく目にします。これは別の次元の話ですが、すでに昭和の終わり頃に、作家の里見弴はことば狩りの問題を心配していたそうです。今の風潮が進むと文化としての古典がだめになってしまうのではないかと。そういえば、古典で落語もお好きだそうで。
谷垣　好きですねえ。林家彦六*、三遊亭円生*、柳家小さん*……。彦六が正蔵の時に怪談「真景累ヶ淵*」を円生とリレーでやった時はよかったですね。本当に怖かった。落語の黄金時代に、正蔵や志ん生を生で聴けてよかったなあと思います。
古川　そういう世界をわかっている政治家は少ないですから、嬉しいなあ。
谷垣　歌舞伎もいいですし、広沢虎造*など、浪曲も好きですね。
古川　「一に大政、二に小政、三に大瀬の半五郎……」なんて、昔、よくラジオで聞きました。いやあ、いいですねえ。
谷垣　「清水次郎長伝*」の森の石松金毘羅代参なんかを聞いていると、どこそこに何

＊林家彦六
（一八九五～一九八二年）落語家。一般的には八代目林家正蔵の名で知られる。住んでいた場所から「稲荷町の師匠」とも呼ばれる。

＊三遊亭円生
落語家の名跡。現在も三遊亭を名乗る落語家は大勢いるが、その元祖が初代三遊亭円生。六代目以降は断絶している。

＊柳家小さん
落語家の名跡。現在の柳家小さんは六代目。五代目柳家小さんは、当時の三遊亭派と人気を二分した。落語界初の人間国宝。

＊真景累ヶ淵
明治の落語家三遊亭円朝が創作した落語。怪談噺の名作。

とかいう親分がいてどうしたこうしたというのは、政治の世界で言えば選挙区と同じなんです。かけ出しの頃、講演旅行で地方へ廻る時、どこそこに宮沢喜一親分がいて、親分もいいがその子分もいいなんて、子分は私のつもりなんですが、結構うけましたよ（笑）。

古川　今度ぜひ浪曲の一節を聞いてみたいですね。今日はありがとうございました。

＊広沢虎造（一八九九〜一九六四年・二代目）昭和の浪曲師。「国定忠治」「清水次郎長伝」などの名調子で知られる。

＊清水次郎長伝　「森の石松」はじめ、清水次郎長率いる侠客たちを題材にした浪曲の代表作。

特別鼎談

日本の未来は「ローカル」から開かれる

◉ゲスト 沈壽官（陶芸家）

◉聞き手 古川治次・和田龍幸

沈壽官（ちん・じゅかん／中央）

陶芸家。昭和34年生まれ。早稲田大学卒業後、イタリア国立美術陶芸学校等で陶芸を学ぶ。平成２年、大韓民国京畿道・金一萬土器工場にてキムチ壷制作の修行をする。フランスのベルナルド・コンペティションやイタリアのチルコロ・フィオーレなどで入選。11年、15代沈壽官を襲名。全国各地にて個展を開催している。

2007年対談

「味の周辺」特別鼎談として、対談の最後を飾るゲストは陶芸家の沈壽官さん。「ぼっけもん」（鹿児島弁でいう怖いもの知らず、向こう見ずを意味することば）の三人が揃い、鹿児島談義に花を咲かせた。（古川）

薩摩焼・沈壽官家

古川　『四季の味』という雑誌で食をテーマに、その周辺の経済や文化についていろいろな人を招いて対談をやりました。はじめ私一人が聞き手をしていたんですが、途中からあれやこれやと忙しくなって（笑）、経団連の前事務総長である和田さんと交代でホストをつとめてきたんです。

和田　それでいよいよ最後の締め括りということになって、私ら二人とも鹿児島出身なもんですから、「鹿児島」をキーワードにしたいなと。

古川　誰をお招きするか、いろいろと熟慮検討の結果、申し訳ないけど沈壽官さんにご登場いただこうと（笑）。

沈　いやあ、嬉しいです。

古川　壽官さんは、言わずと知れた薩摩焼・沈壽官家の十五代目です。窯を襲名されてからどれぐらいになりますか。

沈　継いだのは一九九九年ですから、八年ですね。「薩摩焼四百年祭」が一九九八年にあったその翌年です。父は、先代が亡くなった三十九歳のときに十四代を襲名しているんですけど、遺言が二つあったというんです。一つは、四百年の祭をしてくれというもの。もう一つは、わが家の古いものをちゃんと収蔵する館を作ってほしいと。

和田　ほう。

沈　それで、「もう父さん（十三代目）の遺言も全部果たしたし、おまえに継いでもらおうと思う」と急に言われたんです。ちょうど私も三十九歳でした。

古川　壽官さんは、お名前が示すとおり朝鮮半島から来られました。薩摩焼というのは、豊臣秀吉*が朝鮮出兵した文禄・慶長の役*のときに、島津の殿様だった義弘公*が朝鮮から連れて来た陶工たちが開祖といわれています。ですから、壽官さんのご先祖は一五九〇年の終わりごろに薩摩半島の南のほうに上陸をして、そこで長い間、島津家御用達みたいな格好で焼き物を作ってこられたわけですね。

沈　以前にちょっと調べたんですけど、一八六七年の第二回パリ万国博覧会に、薩摩藩の朴正官という人が薩摩錦手《にしきで》という焼き物、大きな花瓶を出品しているんですけど、それが高い評価を得ましてね。その次のオーストリア万博から沈家の作品を出したらすごく評判になって、それから明治の日本の「色絵陶器」と言ったら、「薩摩」が世界の代名詞になった。

和田　SATSUMAという表記がありますね。

古川　そう。「SATSUMA」と名前の付く焼き物が外貨獲得に役立った時代があったみたいですね。

---

*豊臣秀吉
（一五三七〜九八年）安土桃山時代の武将。信長に仕え足軽から関白まで登りつめた。

*文禄・慶長の役
一五九二、九八年の二回にわたって行われたこと。豊臣秀吉の朝鮮出兵の豊臣政権の弱体化をもたらしたといわれる。

*島津義弘
（一五三五〜一六一九年）安土桃山時代の薩摩の武将。兄義久と九州をほぼ統一。朝鮮出兵では明の大軍を破った。関ヶ原の戦いでは西軍につき敗れた。

和田　薩摩焼というと、俗に言う「白もん」「黒もん」ですか。

古川　白もんというのは、華麗で装飾的な花器や茶碗。黒もんは、薩摩焼酎の酒器である「黒ジョカ」でおなじみですね。

沈　要するに殿様が好んだ「白薩摩」と、庶民が普通に使う「黒薩摩」という二つの流れがあるんです。分かりやすく言いますと、自分の身の回りにあって簡単に手に入る材料（金属を多く含んだ）を用いて作ったものが、基本的には庶民のものであるわけです。安価に生産できますからね。そして、「白薩摩」の方は、島津公が朝鮮の白磁に似た白い陶器を自分の領内で作りたいということで、その大殿の夢をかなえるべく、原料探しから始まった。当然それはふんだんに手に入る材料ではありません。そもそもの出発点が大きく違うのです。

和田　産地の違いではないわけですね。

沈　「薩摩焼」という意味では、こだわりをたくさん残しているもの、つまり意図的に作られた白の方が特色があると言えますね。ただし、何と言っても材料が簡単に手に入るものではありませんので、極めて生産量が少ない。これは「伊万里焼*」と随分違いますね。

古川　土そのものが白いんですか。

沈　そうです。これはおそらく全国でも無いと思います。もちろん粘りのある土だけじゃないですよ。焼き物の材料というのは人間の体と同じで、骨になる部分と脂の部分と、そしてそれをつなぐ筋肉の部分とそれぞれのものが一体となってできています。

＊伊万里焼
江戸時代の初めに佐賀県有田地方で生まれた磁器の総称。主に有田焼のことで、伊万里港から積み出されたのでこの名がついた。ヨーロッパにも輸出された。

それらは全部、同じ場所から出るわけではないのです。
和田　そういうことですか。
沈　違った場所から出てきたものを、一定の割合で配合していくわけです。それで白い胎土、ベースが出来あがる。今度はこれに透明な釉《うわぐすり》がかかるんですけど、ここに微細なひび割れ、「貫入」が求められるんです。
古川　なるほど。
沈　皆さんはどうしても「白薩摩」というと非常に絢爛で豪華なものと思われますけど、もともとは何の細工もないただの白い碗なんです。
古川　義弘公は、朝鮮にあった白磁みたいなものをつくりたかったんですね。
沈　*熊川《こもがい》という、これは白磁ですけど、そのようなものを作りたかったみたいです。義弘公は焼き物が大好きなんですよ。文禄の役のときには栗野から出征して栗野に窯を持っていますし、慶長の役から帰ってきて帖佐《ちょうさ》で*宇都窯《うとがま》をつくり、加治木で*御里窯をつくり、それがやがて竪野につながっていくんです。必ず自分の家の裏に窯を築いて、陶工たちに茶道具を作らせた。しかも、当時焼かせた茶入というのは、甕や壺を作っていた連中に、同じ方法を用いるように命じ、その結果、生まれたものなんです。
和田　つまり、普段は大きなものを焼いている陶工たちに、小さなものを作れと指示したということですね。
沈　当然、なかなかうまくいかない。ところが、そのうまくいかないやつを茶人の古田織部に送るんですよ。そうすると織部が「なんと、かぶいた茶入であることか」と。

---

*熊川
高麗茶碗のひとつ。口縁が反りかえり、高台が大きい。見込みに鏡と呼ばれる丸いくぼみがある。

*宇都窯
一六〇一年、島津義弘が帰国の際に連れ帰り、薩摩焼の基礎を築いたとされる朝鮮陶工・金海に開かせた窯。朝鮮から大量に持って来た陶土を用いてつくった。お庭焼きの始まりとされる。

*御里窯
一六〇八年に金海が開いた窯。

古川　気に入ったわけだ。

沈　形なんか左右非対称なんです。これが戦国武将の間で大流行しちゃって。義弘は徳川の近辺にいる有力大名にそれを送ろうと、せっせと作らせた。それぐらいプロデューサーとしての才覚があった武将なんです。千利休も長次郎*を使って楽焼を世に送り出した人ですけれども、義弘という人も希代の数奇者だったんじゃないかと思いますね。

和田　そういう名プロデューサーがいたからこそ、薩摩焼が世界に名を馳せたと言ってもいいわけですね。

鹿児島という風土

古川　明治時代には、沈壽官家の出張所が東京にもあったそうですね。

沈　札ノ辻という場所です。

和田　三田ですね。

沈　薩摩藩邸の近くだったんです。

古川　ちょうど薩摩焼の輸出が盛んだった頃だけど、「SATSUMA」という名称で海外へ流出しているのは、純粋に鹿児島で作られたものばかりではないんですよ。

和田　どういうことですか。

古川　日本人というのは昔から一斉に靡くところがあって、「薩摩」がいいとなると

＊長次郎
（一五一六？〜九二？年）室町末期から桃山時代の陶工。楽焼の祖。千利休の指導によって楽焼を生んだ。

それを真似て、今度は日本中が「薩摩」をつくり始めるわけ。

和田　薩摩以外で、ということですな。

古川　白地の器を各地に送って絵付けして焼いてもらう。現在では信じられないけど、京薩摩なんていうのもある。有名な話なんだけど、樋口一葉の兄さんは東京薩摩の絵付け師だった。

沈　奇山という号の人ですね。

古川　『うもれ木』という明治二十五年の作品に、当時、全国的だった「薩摩」ブームの盛衰が描かれています。粗製濫造が過ぎてだんだんに値が下がっていると。

沈　薩摩、鹿児島県にしてみると、出来上がった「薩摩」を何で鹿児島港から直接外国に売らなかったんだということです。天下を取ったのは鹿児島なのに、なぜ横浜や神戸が外交上の外港なんだと。もしあのとき鹿児島港が外港になっていたら、鹿児島県の運命は、どうですかね。

和田　確かに。

古川　それにしても、鹿児島というのはやはり独特の風土を持っている土地ですよね。

沈　島津というのは、周りには七十万石と称していますけれども、実力はそんなになかったみたいです。だから、一生懸命、交易をやった。琉球*を通じて明*と取引をする、朝鮮とやる。だから、私たちと同じ時期に九州、山口にも連れてこられた陶工たちはいっぱいいましたけれども、薩摩の陶工たちは非常にスペシャルな統治システムの中に組み込まれていったんです。

＊琉球
沖縄の中国側からの呼び名。独自の王朝があったが、一六〇九年、薩摩藩が征服した。

＊明
中国の王朝。朱元璋（太祖洪武帝）が元を倒して建国。一六四四年に滅んだ。

和田　と言いますと。

沈　私たちの祖先は、陶工のほかにもう一つ仕事があって、要するに藩のために密貿易に従事していたんです。うちの初代はまず日本人と結婚した。産まれた子どもはハーフで、鹿児島弁と朝鮮語、つまり日本語と韓国語が喋れるわけです。

古川　バイリンガルだな。

沈　彼らは重宝されて、島津藩の密貿易の通訳集団にエントリーされたんです。だから、朝鮮の名前を変えてはいけなかった。太郎とか二郎とか日本の名前をつけると、島津家からお咎めが来た。

和田　そういうことだったんですか。

沈　リトルコリアとして島津家の政策の中に位置付けられてきた部分があるんですね。なぜそんなことをしたのかというと、一つは貿易を続けていくために対朝鮮ということがあったかもしれない。それから、島津自身、自分たちがよりインターナショナルな大名であるということを、領内外の人間たちに見せるという意図があったみたいです。ですから、島津が参勤交代の際、第一夜は必ず苗代川*の僕らの村に泊まりました。伊集院という大きい町がおとなりにあるにもかかわらず。

古川　一種のデモンストレーションでしょうか。

沈　農業は年に一回しか収入がないわけでしょう。ところが、朝鮮からの技術というのは不定期にお金を稼げるわけです。例えば、樟脳*を生産するとか、瓦を作るとか、刺しゅうや綿花や焼き物にしろ、土木、測量、医学にしても通常に要るものですよね。

＊苗代川
島津義弘により日本に連れてこられた朝鮮の陶工が初めて窯を築いた土地。かつての日置郡伊集院郷（現在の日置市）。

＊樟脳
クスノキの葉や枝などのチップを水蒸気で蒸留することにより、得られる結晶。血行促進や鎮痛などの作用から医薬品として、また防虫・防腐剤としての利用法もある。

そういう部分では島津家にとって、売る物をつくってくれるところですから大事ですよね。

和田　俺のところはいい焼き物師を抱えているんだぞというのもあるでしょう。

古川　焼き物を特産品や美術工芸品としてだけではなく、貨幣のような付加価値を付けたのが戦国時代ではないかと私は思うんです。信長や秀吉は盛んに茶会を催して茶器の価値を高めていたけれど、戦国時代も末期になると戦いをして勝ったり手柄を立てたりしても大名や家臣に褒美として与える領地が無くなったじゃありませんか。茶器やなんかでお茶を濁している。それでも通用したということは、一種の貨幣としての価値を持っていたということですよね。そこに目を付けたのが島津義弘で、自分で貨幣に匹敵するものを作ろうと考えたとしたら、ビジネスマンとしてすごいと思うな。だから一箇所に囲って門外不出にした。苗代川は島津藩の造幣局みたいなものですね。

和田　そういう見方もできますね。

沈　朝鮮に出兵した九州、山口、四国の大名たちはこぞって陶工たちを連れてきてるんですけど、島津のやり方はやっぱりスペシャルですね。

古川　島津義弘という人はビジネスマンで、要するに貨幣価値みたいなのをよく知っている人だったんです。

沈　面白いのは、それで茶陶にぐっと埋没させるかというと違うんです。どこかの保護を受けるということは制約に遭うということ、誰かに守られるということは手の中に入ってしまうということですから、そういう部分では、薩摩というのは、しがらみを全然受けてない。だからこそ、明治の時代にああやって出て行けたんだと思うんです。

古川　そういう意味で、薩摩藩は人を大事にしていますよね。大久保利通＊だって西郷隆盛＊だって、世襲制からすればなかなか登用されないのに、「こいつらなかなかできてるじゃないか、引っ張ってこようよ」となったのは、なんとなく自由に本物を見ているからのような気がしますけどね。

和田　あとやはり、独自の見識、判断力を持っていた。そういう鹿児島の風土は大きいでしょうね。

日本の手仕事

古川　普段仕事をしていて、一番難しいことは何ですか。

沈　乾燥と焼成による縮小でしょうか。

古川　焼いたら、何パーセントぐらい縮小するんですか。

沈　大体十五パーセントぐらいです。

和田　そんなに縮むの。そうか、水分が抜けるというわけか。

沈　乾燥しても縮む。一番難しいのはそこなんです。それともう一つは、成形時に、与えた力に必ず反発してくるというところ。土には、「土の記憶」というのがあります。だから、轆轤《ろくろ》に載せて回転させていますよね。土は回転していますけど、手は一カ所

＊大久保利通
（一八三〇～七八年）薩摩藩士、政治家。維新の元勲。西郷隆盛、木戸孝允とあわせ維新の三傑とされる。内務省を設置して初代内務卿となり、日本の官僚機構を築いたとされる。

＊西郷隆盛
（一八二八～七七年）薩摩藩士、政治家。藩主・島津斉彬の目にとまり、下級武士から大抜擢される。戊辰戦争を主導し、江戸城無血開城を実現。一八七七年の西南戦争で敗れ自刃する。

に止まっているわけです。それは土がぐるっと一周回ってきて、先に行こうとするところをその手が邪魔するわけです。邪魔するから、仕方なく土は逃げ場を探して上へ逃げていくわけです。

古川　土の逃げ場か。

沈　うまいこと上に向けてあげると、土は上にすーっと伸びていくんですけれども、何かのはずみにそれを逆にしてしまうと、一気に今度は下へ下へと落ちていくんです。

古川　面白い。

沈　だから、ねじれて成形されたものも元に戻ろうとするし、例えば口でぐっと押したものは、また戻ろうとする。だから収縮に加えて、その与えた運動の逆のことをしていく。それが、乾燥と焼成の間に起きてくるんです。

古川　それを計算して造形するんですね。

沈　ですから、精巧な仕事、精密な仕事というのは、単に器用だとか我慢強いとかそういうことに加えて、それだけ土のことをよく分かっていなければ成り立たないんです。でも、僕らみたいなこういう細かい仕事を、例えば備前焼*や信楽*、萩*にやっていいのかというと、それはちょっと違うかもしれない。各々が持っている土の魅力をどうやって出すかということで、技術の多寡はあまり同じ俎上には載せられないかなと思います。

古川　なるほど。「土のことは土に聞け」と言いますよね。

和田　技術革新の余地というのは、こういう世界にはまだまだあるんでしょうか。も

＊備前焼
現在の岡山県東南部で焼かれている陶器。無釉、火襷《ひだすき》などが特色。桃山時代以前のものを古備前という。

＊信楽
信楽焼の略。信楽は滋賀県南部の地名。信楽焼は鎌倉時代にここで生まれた陶器。

＊萩
萩焼の略。萩焼は朝鮮から渡来した陶工により生まれた。萩市は山口県北部の市。毛利氏の城下町として栄えた。

う完成し尽くされてきてるんじゃないかという気がするんですけど。

沈　それはどの業界もそうかもしれないですけど、職人が減っているので、いくら機械が進化しても落ちていくものはあると思いますね。

古川　造形は別でしょうけどね。

沈　やはり機械というのは、基本的に人間がやった仕事の精度を増すということはできますけど、でもそれは人がそこにいての話です。

古川　考えてみれば、機械は自分でイノベーションできない、人間がいて初めてできるわけだから。

沈　ましてや合理化なんていうことで、三つかかる手間を一つにしましたというと、ますます劣化していきます。

古川　なるほど、それはその通りだな。

沈　だから、僕らもとにかく手数は減らさない。精度を増すために機械を使うことはいいけれども……。

和田　不思議なもので、機械と手じゃ情緒性といいますか、同じ造形でもなんか違いますね。

沈　そうですね。それと、やはり機械だと融通が利かないです。ちょっとこうしてみようとか、そういう小さな注文に全然応えられない。

古川　そりゃそうだ。

沈　明治維新以降、各地で独自に進化していったものの垣根が一挙に壊れて、流通が活性化され混ざり合っていますよね。今、鹿児島にいても電話一本で日本中から、既にできている粘土が手に入るんです。その結果どうなったかというと、どこにいても何でも作れてしまう。「薩摩焼」というアイデンティティがどんどん希薄になってきている。

古川　逆に言えば、作ろうと思えばどこでも薩摩焼ができてしまう。

沈　そうなんです。薩摩焼という名前のブランドの土をもし誰かが作ってしまえば。ですから、明治維新までの何百年と、そこからの百二十年とはえらい違うんではないかなと思いますし、「らしさ」というのをどうやって保てるかというのはすごく大切なことだと考えているんです。今までは、薩摩焼の白は絢爛豪華、黒は質実剛健という表面的なとらえ方でガイドブックにも紹介されているんですけれども、白は、島津義弘が意図してそれまでになかったものを作り上げた世界、黒は、焼き物のノウハウが伝わったときに、手近にある材料を使ってこんな便利なものも安く作れるぞといって提供されたものであって、この二つは全く拠って立つ精神性が違うわけです。今四百年たったときに、そこをどうやって僕たちが鹿児島のものですよといって描き続けられるのかというと、これはすごく難しい。

古川　壽官さんが言われた言葉ですけど、「最もローカルなことが、最もインターナショナルだ」と。すごいと思います。

和田　非常に逆説的ですね。

沈　いずれにしても、もう少し手工業の世界で職人さんの存在をきちんと評価してあげないと、職人さんはもう音を立てて消えていっている。例えば、絵を描こうとすると最高の筆が必要です。その最高の筆を作る人が、今はもういない。すると、もう極細の線が書けない。あと十年か二十年したら、農業、漁業、林業などいろいろなところから職人の世界が消えてしまいますよ。

和田　確かにその通り。経済の分野でも商業の分野でも、もう一度自分の足元である日本、特に地方でのものづくりの伝統を継ぐ職人について見直すべきときが来ていますね。

古川　日本の未来は、「地方」と「手仕事」、いわばローカルから開かれると言っても過言ではない。そういった意味でも、これまでの対談でさまざまな人と語り合ってきたことは大きいですね。とりわけ、締め括りに沈壽官さんから示唆していただいたことは、これからも考え続けていきたいと思います。

あとがき

本書は、平成十五年の七月から四年間にわたり、季刊誌「四季の味」に連載された対談を一冊に纏めたものである。包丁研ぎから後片づけまで、厨房に入るのが大好きな、薩摩育ちの商社マンという変わり種が参上して、主となるゲストと対談するという企画でスタートした。主を訪ねて、近くは鎌倉から静岡、滋賀八日市、福井武生、そして遠くは鹿児島まで足を伸ばした。「味の周辺」という一応のテーマはあったが、主になって頂いたお相手はいずれも斯界斯道の達人ばかり。

いつも話はテーマと時間を超えた自由な空間で、色とりどりの花を咲かせた。対談の場いっぱいに広がった話を、毎回、一枚の風呂敷に包んで一編ずつに仕上げた、かまくら春秋社の伊藤玄二郎さん&編集部には、文句なしに脱帽、である。

平成十六年から、畏友・和田龍幸さんに応援を仰ぎ、交代で参上を勤めて貰ったが、対談にバラエティーと奥行きが出来たものと思っている。最終回分は、本書企画のために十五代沈壽官さんをお招きして、特別鼎談とした。また、カバー画は高校の同級生である陶芸家の尾前喜八郎さんを煩わせた。両氏には深謝申し上げる。

最後に、また改めて和田龍幸さんに触れねばならない。

本書の出版を前にした去る十一月、和田さんは逝去された。この一冊の上梓を大変楽しみにしていただけに誠に残念である。

本書を亡き畏友和田龍幸さんに捧げたい。

平成二十年　五月

古川洽次

初出
「四季の味」(ニューサイエンス社)三十三号(二〇〇三年夏号)～四十九号(二〇〇七年夏号)。

古川洽次（ふるかわ・こうじ）

1938年、東京都生まれ、鹿児島育ち。九州大学法学部卒業後、三菱商事に入社。同社常務、副社長、さらに三菱自動車工業の副会長などを経て、2007年より、郵政民営化によって誕生した株式会社ゆうちょ銀行の取締役兼代表執行役会長（CEO）。

和田龍幸（わだ・りゅうこう）

1937年、鹿児島県生まれ。慶応義塾大学大学院経済学研究科修士課程終了後、経済団体連合会入局。事務総長などを経て、2002年、経団連と日経連が統合して誕生した日本経済団体連合会（日本経団連）の初代事務総長、常任顧問などを務めた。2007年、逝去。

味の周辺　ぼっけもん交遊抄

著者　古川洽次・和田龍幸

発行者　伊藤玄二郎

発行所　かまくら春秋社
鎌倉市小町二－一四－七
電話〇四六七（二五）二八六四

印刷所　ケイアール

平成二〇年六月一〇日　発行

ISBN978-4-7740-0395-5

かまくら春秋社

味覚日乗

辰巳芳子著

「食文化はあらゆる文化の母胎」という著者が綴る、四季折々の食の知恵、そして心。時代が変わっても、決して変わることのない「食の本質」を、具体的手法を交えながら細やかに著す。

定価 2310 円（税込）